Dieses Buch möchte schon lange geschrieben werden. Nachdem der Autor ihm glaubhaft vermittelt hatte, dass Bücher nicht möchten *können*, war es plötzlich fertig. Es enthält unterhaltsame Kurzprosa, kurze Ausflüge in die Literatur des Unsinns, vor allem aber merk-würdige, komische und auch ernsthafte Gedichte, deren Machart teilweise an die sog. ›Gebrauchslyrik‹ des 20. Jahrhunderts erinnern könnte: Was Erich Kästner einmal über die eigenen Verse geschrieben hat, passt nach Meinung des Autors und Lyrik-Skeptikers in aller Bescheidenheit auch zu seinen: Man kann die Gedichte lesen, ohne einzuschlafen; sie sind seelisch verwendbar, und sie sollten nicht mit Erzeugnissen derjenigen Lyriker*innen »… mit dem lockig im Winde wallenden Gehirn …« (Kästner) verwechselt werden. — Mit Sprachgefühl und Humor spinnt Klaus Kahnert zu Beginn ein in kurzen Prosatexten gehaltenes Textgewebe um seine Gedichte herum, das die angebliche Entstehungsgeschichte seiner poetischen Bemühungen erzählt, die mitunter von eigenen Fotografien begleitet werden. Zeichnungen, die ganz offensichtlich vor allem mangelndes Talent bezeugen und auf die Nennung eines Namens verzichten, hat zugegebenermaßen auch der Autor selbst hervorgebracht. Die wirklich tollen Bilder, die fünf Gedichten zur Seite gestellt wurden, stammen aus der Hand von Maren Wendorff (siehe unten). Sie hat ohne Kenntnis der Intention des Autors die Gedichte auf sich wirken lassen und das Ergebnis zu Papier gebracht.

Der Autor: Klaus Kahnert lebt seit ca. 1965 – und zwar im Ruhrgebiet. Mit vier Jahren hat er erste autodidaktische Lese-Erfolge und damit Entdeckungen der faszinierenden Welt ›Sprache‹ gemacht. Mit fünf war ihm klar, dass er ein Buch schreiben muss. Deshalb hat er nach der Schule eine Lehre als Elektriker absolviert, später Philosophie studiert und lange Jahre in der Ruhr-Uni Bochum Studierende mit Philosophiegeschichte beglückt. Seit Ende der 80er hat er aber, anstatt ein Buch zu schreiben, lieber in diversen Bands Gitarre gespielt (Blues, Rock, Funk); eine davon war die Ruhrpott-Kultband ›Koslowski‹; eine andere, die Groove & Snoop Bluesband, hat mitunter Jochen Malmsheimer und Heinz-Peter Lengkeit bei dem Parforceritt ›A Story of Blues‹ durch eine völlig durchgedrehte Geschichte der blauen Töne begleitet. Um wirtschaftliche Nöte zu vermeiden, arbeitet er seit 2009 in einer sehr, sehr großen Bundesbehörde. Bei Instagram parkt er seit Herbst 2021 dann und wann unter dem Anagramm ›Lars Knuthake‹ diverse Dinge als Betreiber einer bescheidenen Wort- und Foto-Ambulanz bzw. Bild- und Dichtungswerkstatt und versucht sich ein Bild von der dortigen Resonanz auf seine Äußerungen zu machen.

Die Künstlerin Maren Wendorff lebt noch längst nicht so lange, aber auch im Ruhrgebiet. Sie ist aktuell ziemlich genau halb so alt wie der Autor und kann sehr vieles, vor allem ganz wunderbare Werke aus diversen Materialien hervor- und auf verschiedenste Untergründe aufbringen. Sie studiert Kunst und Geschichte, wird demnächst Schüler*innen mit diesen Fächern unterhalten, weiterbringen und so dazu beitragen, dass sie bessere Menschen werden.

Dichte Dinge?

Auch das noch!

Bluësie und Prosaik

gerührt – nicht geschüttelt

von

Klaus Kahnert

mit fünf Zeichnungen von
Maren Wendorff

Bibliografische Information der Deutschen Nationalbibliothek: Die Deutsche Nationalbibliothek verzeichnet diese Publikation in der Deutschen Nationalbibliografie; detaillierte bibliografische Daten sind im Internet über dnb.dnb.de abrufbar.

Die automatisierte Analyse des Werkes, um daraus Informationen insbesondere über Muster, Trends und Korrelationen gemäß §44b UrhG („Text und Data Mining") zu gewinnen, ist untersagt.

Lektorat: Klaus Kahnert
Korrektorat: Klaus Kahnert

Verlag: BoD · Books on Demand GmbH, In de Tarpen 42, 22848 Norderstedt, bod@bod.de
Druck: Libri Plureos GmbH, Friedensallee 273, 22763 Hamburg

ISBN: 978-3-7693-0383-4

Inhaltsverzeichnis

Voräußerung

Es gehört zu den zutiefst menschlichen, aber auch zu den wirklich schwierigen Dingen des Lebens, Inneres so zu äußern, dass es unterhaltsam ist. Unterhaltung ist nicht trivial, nicht zu verwechseln mit Ablenkung und kein Rezept gegen Langeweile. Geäußertes Inneres, das ›unter-hält‹, gibt Halt von Unten: Es ist also das Gegenteil von bodenlos, trägt zum Stehen und Verstehen bei, bringt vielleicht zum Lachen oder Nachdenken, will Eigenes ab- und anderen vorlegen.

Wer sich auf diese Weise öffnet, hofft darauf, interessant genug zu sein, um sich zu entäußern, ohne sich selbst dabei zu veräußern. Die Mittel dazu sind vielfältig und in der Regel dicht, ohne damit undurchdringlich, zu nah oder zu eng zu sein: Bilder, Texte und Musik möchten ausgepackt werden, damit zum Vorschein kommt, was eingefaltet, eingepackt wurde, um im anderen Denken und Fühlen wieder ausgepackt, entfaltet zu werden. Bilder sind dabei nicht nur Fotos, sondern auch das, was sich in der Vorstellung einstellt, wenn die dichten Texte (vor-)gelesen werden. Musik ist außer dem Rhythmus der Verse das, was zwischen den Zeilen oder Pixeln hörbar werden kann – sogar beim Lesen und Betrachten.

Dieses Buch möchte zu all dem einladen und mehr oder weniger dichte Dinge anbieten: Texte und den Groove ihres Metrums sowie der Zwischentöne, Reime, Ungereimtheiten, Bilder, Prosa, Poesie und Blues: Bluësie – ach ja: und kleine Abschweifungen in Fußnoten.[1]

Das erste Kapitel »Anfängliches« beschreibt den ungewöhnlichen Weg des Autors aus einer misolyrischen Grundhaltung in das poetophile Hand- und Kopfwerk der Verdichtung von Gedanken zu Gereimtheiten (die allerdings in Einzelfällen Ungereimtheiten darstellen können – selbst im Falle lautlicher Gleichklänge am Zeilenende). Die übrigen Kapitel verzichten auf biographische Umwege: Sie bieten in unterschiedlichen thematischen Kapiteln unvermittelt Gedichte, das eine oder andere Intermezzo und prosaischen Fug, der mitunter die Grenze des Unfugs tangiert – wann dies der Fall ist, wird jede*r selbst entscheiden müssen!

---

1 »Ich komme ja ursprünglich aus der Philosophie!« Dieser Satz ist so unsinnig, dass ich ihn immer schon mal sagen oder schreiben wollte. Ich wollte ihn eigentlich mit »Habe nun, ach …« anfangen lassen, musste aber feststellen, dass das schon jemand geschrieben hatte. Ich möchte an dieser Stelle auch nur erklären, dass ich es oft nicht lassen kann, mein Tun zu erklären, und weil das zwei Jahrzehnte gewährt habende akademische Schreiben eng mit der Produktion von Fußnoten verbunden war, kann ich auch von diesen nicht lassen; daher gibt es im vorliegenden Buch Fußnoten – Fuß- nicht Kopf-! Wer Kopfnoten hervorbringen will, muss Parfümeur werden, schafft dann aber Flüchtiges, nicht Bleibendes, Bodenständiges. Fußnoten tun das, deshalb heißen sie so. Außerdem bieten sie die wunderbare Möglichkeit, abzuschweifen und Über- oder Unterflüssiges devot oder wenigstens bescheiden anzubieten: Man kann sie lesen, aber auch ignorieren. Lesen Sie weiter: Hier gibt es nichts zu verstehen!

Anfängliches

Die Schreibung

›Lesung‹, ›Autorenlesung‹, ›Dichterlesung‹ – mit diesen Wörtern verbinden die meisten Menschen unterhaltsame, im Idealfall wunderbare öffentliche Darbietungen. Das Publikum kann zuhören und zugleich in den Gesichtern der Vortragenden lesen: Das akustische Bild wird dadurch abgerundet. Es ist eine gute Sache! Ich will das auch – aber anders! Lesen für andere ist schön – aber neu, revolutionär? Mitnichten!

Texte, die vorgelesen werden, müssen zuvor geschrieben werden, und ich hatte mich, von spontaner Innovationswut getrieben, entschlossen, beides tun: Das dem Lesen vorgelagerte Schreiben sollte sich allerdings auf eine vollkommen neue, situative und erlebbar aktive Weise ereignen! Ich hatte mir das Ziel gesteckt, eine Kunstform zu schaffen, neben der jede Performance subtil verblasst: Letztere ist zwar auch situationsbezogen und handlungsbetont, aber vergänglich. Mit Autoren-Schreibungen wollte ich performieren und zugleich Bleibendes schaffen!

Ich wollte also öffentlich schreiben: in Fußgängerzonen, Einkaufszentren, im Zoo, im Kino, neben Käsetheken, auf agrartouristischen Bauernhöfen, in Nachbars Garten und Baumärkten, auf Joggingstrecken und Fahrradwegen, in Kneipen, Clubs und Buchhandlungen. Das hatte es noch nie gegeben,[2] und ich habe es getan! Das Publikum, das mitunter gar nicht wusste, dass es eines war, konnte, sobald es sich als solches entdeckte, den kreativen Prozess erleben und integraler Bestandteil meiner Inspiration werden! Es konnte mein Tun dadurch beeinflussen, Teil meiner Geschichten und Gedichte werden; es las dabei in meinem Gesichte, während ich schrieb, und es konnte ahnen, was da gerade entstand! Das Ergebnis war unglaublich: Es war eine persönliche Kulturrevolution, denn zu meiner Überraschung kam Lyrik dabei heraus, obwohl ich solche, mit wenigen Ausnahmen, aufgrund ihrer Intrikanz[3] und Tenebranz[4] nie gemocht hatte.

In einem Anfall von Demut angesichts der Giganz meines Vorhabens begann ich jedoch zunächst vor Tieren zu schreiben. Das erste Gedicht ist auf einer Kuhwiese entstanden.

---

2   … außer im ostwestfriesischen Spätmittelalter (zu ostwestfriesisch vgl. ostwestfälisch). Ich bin einem Hinweis des irisch-schwedischen Wortschmieds Joe Malmœ aus dem Ruhrgebiet nachgegangen und habe herausgefunden, dass das Mittelhochfriesische das Verb ›kahnern‹ für ebendiese Tätigkeit kennt. ›Klaus kahnert‹ ist daher ein vollständiger Satz.

3   Ja: Ich hätte auch »Verworrenheit« schreiben können, wollte aber ein wenig angeben ;-!

4   Für alle, die sich den lateinisch unbeleckten Kopf kratzen: das Wort »tenebra« heißt Dunkelheit, Finsternis, Verborgenheit; und ja: Hier klingt eine gewisse Bildungsarroganz durch – ist aber nicht persönlich gemeint! Außerdem hätte ich dann keine Fußnote schreiben können, welche die Seite füllt …

Zweifel

Mit Lyrik fang ich gar nichts an,
sie ist mir viel zu dicht.
Da kommt ja nachher niemand dran:
und Klarheit? Nicht in Sicht.

Wer lyrisch schreibt, denkt oft verirrt,
zu wenig geradeaus.
Und das, was vorn versprochen wird,
kommt hinten gar nicht raus.

Der Schreibung zweiter Teil

Trotz der Zweifel am lyrischen Grundverständnis des behuften Publikums war ich von mir und dem Ergebnis des ersten Feld- bzw. Weidenversuchs einer öffentlichen Autorenschreibung beeindruckt: Das Kahnern hatte funktioniert! Der steinige Weg zur Erfindung einer neuen bzw. Wiederbelebung einer alten Kunstform hatte bereits nach zehn Minuten mein erstes Gedicht geboren.

Durch den schnellen Erfolg verwöhnt, wagte ich schon vor dem dritten Schritt bereits den zweiten: Ich baute inmitten eines gut besuchten Campingplatzes sowohl Campingtisch als auch -stuhl auf – direkt vor einem Zelt (das ich in weiser Voraussicht bereits vor 19 Jahren bei Aldi gekauft hatte) und im Sommer; gute Bedingungen, sollte man meinen.

Ich hub an zu kahnern, blieb aber weitestgehend unbeachtet. Das war mir recht, denn ich wollte mich der Wirkung einer beobachtenden Menge auf mein Tun behutsam und Schritt für Schritt nähern. Man baut so die erste Nervosität ab, die jedem revolutionären Tun innewohnt. Das Resultat war wieder ein Erfolg: Erneut erblickte nach nur wenigen Minuten ein bislang nicht vorhandenes Gedicht das Licht der Welt; und nicht nur das: Sein Inhalt hat sich der im ersten Poëm zu Tage getretenen Skepsis sanft entgegengestellt. Ich habe es »Annäherung« genannt, und es folgt direkt auf der nächsten Seite.

Nur eines noch: Damals schien mir bereits der zweite Versuch meines Experiments die kühne Vermutung zu bestätigen, dass die *Geburt der Poesie aus dem Geiste der Beobachtung eines kritischen Publikums* (das Kahnern) Großes hervorbringt. — In der kritischen Nachbetrachtung ist allerdings der Verdacht in mir aufgekeimt, dass ein Mann auf einem Campingstuhl an einem Campingtisch auf einem Campingplatz, wenn er dort in *einem* Buch blättert und in einem *anderen* schreibt, genauso auffällt wie jemand, der Kartoffeln schält oder frühstückt (sein Frühstück, nicht die Kartoffeln)!

Annäherung

Dieses hier ist der Moment,
in dem die Lyrik lauert.
Ich mag sie nicht und spüre schon,
wie sie da hinten kauert.

Jedoch: War ich nicht fair zu ihr
und hab sie falsch verstanden?
Soll ich ihr trauen? Ich glaube ja:
Es kommt schon nichts abhanden!

Verständlichkeit will ich bewahrn,
darauf will ich stets blicken!
Ich werde meine Verse nur
mit klaren Wörtern spicken.

Erstes Fazit

Mein Tun schien epochal zu sein: Ich hatte bereits zwei Gedichte in kürzester Zeit gekahnert! Da ein nicht unbekannter Herr mit eigener Wortwerkstatt und zahlreichen Erfahrungen mir freundschaftlich zugeneigt ist, legte ich ihm vor dem Versand meiner literarischen Kostbarkeiten an namhafte Verlage mein *opus progrediendi* zur Qualitätssicherung vor.

Sein Nicken schien mir Anerkennung auszudrücken. Gleichwohl gab er mir den vorsichtigen Rat, mich spielerisch *verschiedenen* Reimformen zuzuwenden, die doch so kurzfristig gewonnene Kompetenz noch ein wenig auszubauen und sogar noch einen dritten Versuch zu wagen: ein weiteres Gedicht, vielleicht ein Sonett. Das nahm ich mir zu Herzen!

Der dritte Versuch trieb mich in die Stadt: Bewaffnet nur mit einem Reimlexikon sowie meinem Buch, das ich zärtlich ›Dichtungs-Werkstatt‹ betitelt hatte und stets mit mir führte, nahm ich Platz in einem Café. Hmm … ein Sonett: Wer denkt dabei nicht sogleich an Robert Gernhardt und sein (nur) scheinbar sonettezermalmendes Sonett ›Materialien zur ältesten Gedichtform italienischen Ursprungs‹? Das hat mich inspiriert, ein Sonett in meinem Sinne der weiteren Annäherung an die Lyrik entstehen zu lassen. Diesmal brauchte ich ungefähr 17,3 Minuten. Das Publikum hatte ich nach zwei Minuten vergessen. — Es tat trotzdem gut, nicht allein zu sein in dieser neuerlichen Geburtsstunde.

Kritik der Poesie

Ich fand Gedichte früher nicht so nett:
Der Reim begrenzt den Wortschatz, und der Dichter
scheint dadurch kein guter, eher ein schlichter:
nicht Carpaccio, sondern Zwiebelmett.

Nicht das dünne, nein: das dicke Brett
wollt ich bohren, wollte meine Lichter
weder unterm Scheffel noch im Trichter
wissen, wollte alles: Alpha und auch Zett.

Und *nun* muss ich mich offen korrigieren.
Ich tu das nicht devot, auf allen Vieren,
ich tu's bescheiden, aber selbstbewusst:

Die Poesie, sie hat ihr gutes Recht,
und auch Sonette sind gar nicht so schlecht:
Am Ende steht Gewinn – gar kein Verlust.

Vorläufiges Ende des Kahnerns

Die Welt war um drei Gedichte reicher; alle von mir; keines wirklich schlecht. Nach einigen Tagen autotherapeutischer Intervention und intensiven Selbst-Coachings musste ich aber eingestehen, dass drei Gedichte nur unwesentlich mehr als zwei sind und dass – Hand aufs Herz! – keines der Gedichte durch das öffentliche Schreiben zustande gekommen war. Ich gab zu, dass a) das Interesse großer, milchspendender Paarhufer an Literatur nahezu unerforscht ist und womöglich überhaupt nicht existiert, dass b) die Menschen auf dem Campingplatz gar keinen Beitrag zur Entstehung des zweiten Gedichts geleistet haben *konnten*, und dass ich c) auch im Café nur vom Servicepersonal bemerkt worden war, welches aber noch nicht einmal von der Anwesenheit meiner Bücher, geschweige denn von der Tatsache Notiz genommen hatte, dass hier irgendeine Art von Literatur auch nur entstehen *könnte*.

   Ich musste es akzeptieren: Gedichte schreiben geht auch zu Hause. Es braucht nur vier Dinge: erstens einen **Grund**, zweitens den **Willen**, drittens die **Gelegenheit**, es zu versuchen und viertens eine gewisse **Gabe**, von der im folgenden Gedicht die Rede sein soll.

Empfindsamkeit ist eine Gabe

Empfindsamkeit: Du kannst sie haben, ohne dass Du's weißt.
Und ist das so, hat *sie* eher *Dich* – Du weißt schon, was das heißt:
Sprache, Sätze, Wörter, auch Betonung, Sinn und Klang,
Du hörst sie und sie packen Dich und zwar direktemang.

Wenn das passiert, dann kommst Du irgendwann mal auf den Trichter,
dass Du sie benutzen kannst – das machen sogar Dichter!
Und hast Du diese Saat gesät, dann will sie alsbald keimen,
will Rhythmus werden, Sprachmusik, und hinten will sich's reimen.

Du kaufst vielleicht ›den Steputat‹, das Reime-Lexikon.
Du dichtest frisch drauf los … und sagst: »Das hab ich nun davon:
Ich spuck Gedichte aus – erst eins, dann zwei, dann drei, dann vier …
solang die niemand lesen will, trink ich erst mal Bier!«

♫

Auch das heimische Dichten blieb also nicht fruchtlos: Furchtlos und trotzig stürzte ich
mich in die Produktion von Texten mit gleichklingenden Zeilenenden, denn reimen sollte es
sich auf jeden Fall, weil mir Gedichte ohne Reim wie **Blues ohne *blue notes*** erschienen …

Reim oder nicht Reim? Das ist nicht die Frage!

Gedichte, die sich reimen, sind,
so habe ich es jüngst gehört,
nicht zeitgemäß. Ob mich das stört?
Ich sage »nein!«, denn solch ein Wind,

der durch die Hirne derer weht,
die glauben, nur was mit ›der Zeit‹
und dem geht, was brav eingereiht:
er ficht mich nicht; und wer beredt,

mit Groove, mit Rhythmus Wörter flicht,
die Gedankenbilder weben,
hat uns Poesie gegeben –
egal, ob *mit* Reim oder … ohne.

Gebrochener Bann

Fünf Gedichte – drei in der freien Wildbahn, zwei am heimischen Herd, die dabei empfundene Freude als angenehmer Kollateralnutzen: Was will man mehr als angehender Betreiber einer Dichtungswerkstatt, in der Dinge hervorgebracht werden sollen, die in den verrückten Zeiten dieser komplexen Welt teilenswert sind und andere Menschen zu einem Innehalten, einem Berührt-Werden führen wollen? Warum also nicht mutig ans Werk gehen und gleich mal die mit dem Projekt verbundene euphorische Aufgeregtheit, die mitunter bereits in Schlaflosigkeit mündet, zum Gegenstand der poetischen Betrachtung machen? (Immerhin würde damit ein sechstes Poem entstehen und ein erster Schritt auf dem Weg vielleicht gar zu einem Büchlein beschritten!)

Sch(l)af im Schlaf

Manchmal träume ich im Schlaf,
dass ich nicht schlafen kann.
Ich leih mir dann ein zwölftes Schaf,
das stellt sich hinten an.

Ich zähle sie der Reihe nach,
und kommt das zwölfte dran,
sage ich mir selbst: »gemach!«
und fang von vorne an.

Wenn ich eingeschlafen bin
– im Traum, das ist ja klar! –,
träum ich von der Schäferin,
von der das Schäfchen war.

Der Schlaf wird mir dadurch geraubt:
Ich träum, dass ich erwach …
und wenn's die Schäferin erlaubt,
dann leg ich sie gleich flach.

Erotische Irritationen

Das letzte Gedicht wurde passender- und interessanterweise im Traum geschrieben. Offenbar hatte die Beschäftigung mit Poesie postpubertäre Schleusen präseniler Hocherotik geöffnet, von deren Existenz ich bislang nicht gewusst habe, die darüber hinaus mit schlafwandlerischen Lyrik-Attacken verbunden sein müssen. Anders kann ich mir nicht erklären, wie die folgenden albernen Gedichtfragmente ihren Weg in meinen Papierkorb gefunden haben sollen. Ein Eklat! Der Schund wird hier nur zur Abschreckung und Warnung an alle Dichtungsnoviz*innen abgedruckt.

Gerne schöb ich meine Hand
mal in Deine Hose.
›Hose‹ schreibt sich leider nicht
mit ›ö‹ – drum endet dies Gedicht
mit dem Wörtchen ›Rose‹.

♫

Komm doch in mein Tipi, Tina,
die Sarah, die ist auch dabei,
und mit Li-Ming – die kommt aus China –
sind wir *ménage à zwei mal zwei!*

Im sitzen, liegen, stehen und
mit Kleidung oder auch ganz ohne,
erkunden wir mit Hand und Mund
jede erogene Zone.

Die Entscheidung

Die Entscheidung für das Schreiben von Gedichten hatte sich inzwischen selbst getroffen: Ich hatte gekahnert, dadurch die mir selbst bislang unbekannte Gabe der Empfindsamkeit, ach, in meiner Brust, entdeckt – eine Gabe, die Poetisches gebiert, sobald günstige Rahmenbedingungen zusammentreffen – und dann auch noch durch genealogisch-historische Arbeit herausgefunden, dass ich gar nicht anders kann, weil ich das Erbe der Kahnerschaft in mir trage. Das folgende kleine Intermezzo bietet genauere Erläuterungen und deckt zugleich eine genetische Vorbelastung meines Verdichtungswillens auf (gut, dass sich dieses Wort an entscheidender Stelle mit ›d‹ schreibt!).

Intermezzo: historische Anmerkung

Gottlob Ernst Kahnert verfasste 1724 in Königsberg ein Gedicht mit dem Titel »Kahnerschaft« (hier auf der nachfolgende Seite abgedruckt). »Kahnert« war in Königsberg ein geläufiger Name und stand seit der Auswanderung der Kahnerts aus Ostwestfriesland (nicht -falen!) für das öffentliche Schreiben – 250 Jahre vor der Erfindung der Autoren-*Lesung*. Das Gedicht war eine Antwort auf die Geburt Immanuel Kants. Verstanden hat dies niemand – genau wie das Gedicht selbst, das bereits kurz nach seiner Entstehung auf die Müllhalde der poetischen Irrtümer verbracht wurde.[5]

Die Verse wurden 1818 dekompostiert, mental gestohlen, sodann um- und fortgeschrieben: Wilhelm Müller hat das ›Kahnern‹ durch ›Wandern‹, den Namen ›Kahnert‹ durch seinen eigenen und ›Denken‹ durch ›Wasser‹ ersetzt. Unter dem Titel ›Wanderschaft‹ fand es Platz in der Gedichtsammlung ›Die hässliche junge Müllerin‹, die ihrerseits auf den Seiten 3-50 im Sammelband *Sieben und siebzig Gedichte aus den verlorenen Papieren eines rasenden Wiesenhornisten* Raum einnimmt.

Es wurde vielfältig vertont – zuletzt von dem Leipziger Zöllner Carl Friedrich Magister während seines Aufenthalts in Oldisleben an der Unstrut, und zwar als siebenstimmiger Satz für Männerchöre. In dieser Fassung wurde das Lied unbegreiflicher Weise zu einem der bekanntesten deutschsprachigen Wander- und Volkslieder, obwohl weder immer nur zu siebt noch ausschließlich von Männern gewandert wird. — Vielleicht fühlt sich der eine oder die andere Leser*in dieser Zeilen bemüßigt, die bislang ausgebliebene Interpretation des nachfolgenden kryptischen Gedichts für die staunende Nachwelt zu erarbeiten. Ich kann es mir allerdings nicht vorstellen.

Kahnerschaft

Das Kahnern ist des Kahnerts Lust,
das Kahnern.
Das muss ein schlechter Kahnert sein,
dem niemals fiel das Kahnern ein,
das Kahnern.

Vom Denken haben wir's gelernt,
vom Denken.
Das hat nicht Rast bei Tag und Nacht,
ist stets auf Kahnerschaft bedacht,
das Denken.

---

5 Siehe dazu Hans-Dietmar Vogelberg, *Entstehung und Entwicklung der Entsorgungswege literarischer Allodoxien*, Bd. 3, Göteborg – Wien – Bad Bentheim 1972, S. 512.

Die in diesem Kapitel beschriebene Geschichte meines Weges vom Lyrikskeptiker zum Poesiefreund (in einem milden Anflug von Bedeutsamkeitseuphorie »Dichterliches« genannt) ist wahr; auch, wenn ich sie erfunden oder einiges doch zumindest stark übertrieben habe. — Fassen wir also zusammen: Die genetische Disposition als Kahnert sind erstens **Grund** genug für öffentliche literarische Aktivitäten – es brauchen nicht unbedingt Freiluftschreibungen zu sein –, **Wille** und **Gelegenheit** sind zweitens und drittens reichlich vorhanden und viertens ist auch eine gewisse **Gabe** zumindest spürbar: Wohlan, Gemüt, begrüße und gesunde!

Die nachfolgenden Kapitel bieten nun erstmals die aus meiner bescheidenen Sicht am besten gelungenen Texte, die seit der Dichtungsdämmerung durch das Kahnern aus Seele und Geist aufs Papier gefallen sind – sei's daheim oder draußen.

Dichterliches

Terzinen zu des Dichters Brot

Dichter, deren Denken Andre drucken,
und Denker, deren ungedrucktes Dichten
kaum wer liest – sie beide darf's nicht jucken,

was die Leute über sie berichten,
über sie und über die Gedanken,
die komplexen, wirren und die schlichten,

die sie denken (mit und ohne Schranken),
oder aber über die Gefühle,
die in der Vernunft beinahe ertranken.

Die Vernunft, die wache, klare, kühle,
darf das Metrum, darf die Form bewachen,
schaut auch gerne kritisch aufs Gewühle

unsortierter Wörter … aber lachen,
weinen, staunen, *Poesie* verstehen,
kann sie nicht: Um Feuer zu entfachen,

müssen wir sie manchmal hintergehen.
Den Markt bedienen fällt nicht ins Gewicht!
Denk drüber nach, ich hab es eingesehen:

Ein Text, der nicht berührt, den braucht man nicht!
Ein dichtes Wort bringt Inneres heraus,
wo es sich am Du, am Andren bricht,

und kannst Du es gebrauchen: schenk Applaus!

Künstliche Künstler

Inneres nach außen wenden können:
das ist es, was ich unter »Kunst« versteh.
Fürs Fühlen braucht's geeignete Antennen
und fürs Erschaffen dann die Odyssee

durch Fertig- und Geschicklichkeiten, die
vollbringen, was dann andere berührt;
denn ohne dieses: ohne Empathie
wird nichts vom Ich ins andre Ich geführt.

Alles, was der Mensch auf solchen Wegen
schafft, ist künstlich: nicht von der Natur
hervorgebracht. Wir sollten überlegen,
ob wir daneben eine weitere Spur

von Kunst, die gleichfalls künstlich, aber ohne
Glück und Schmerz, ganz ohne Witz und Lust,
doch dafür effizient, nur nicht die Bohne
empfundenes Gefühl aus voller Brust

sein kann – ob wir eine solche Spur
beschreiten wollen. Macht sie unsre Welt
besser, oder ist sie vielmehr nur
ein Hund, der weder beißt noch richtig bellt?

Aus einer Welt ganz ohne Bits und Bytes:
Aus Innenwelten will die Kunst berichten,
aus unsrer Welt der Freude und des Leids …
Maschinen können vieles, nur nicht dichten.

Akrostichon »Gitarrensolo«[6]

Gitarrensoli sind sehr selten nur zu laut.

In der Regel sind sie auch nicht wirklich lang.

Tatsächlich sind sie häufig recht gut aufgebaut.

Aber manchmal wird dem Hörer Angst und Bang.

Richtig schön sind die, die's anfangs leise wiegt,

Ruhig starten und dann langsam Fahrt aufnehmen,

Einfühlsam und schön dann an den Takt geschmiegt,

Nachdrücklich die Töne in die Ohren cremen.

Schade ist es, wenn zu viele Töne dudeln,

Oder wenn zu früh zu viel passiert.

Leichtigkeit kann Hörerohren nicht besudeln –

Ohrenstress ist nichts, was schöne Soli ziert.

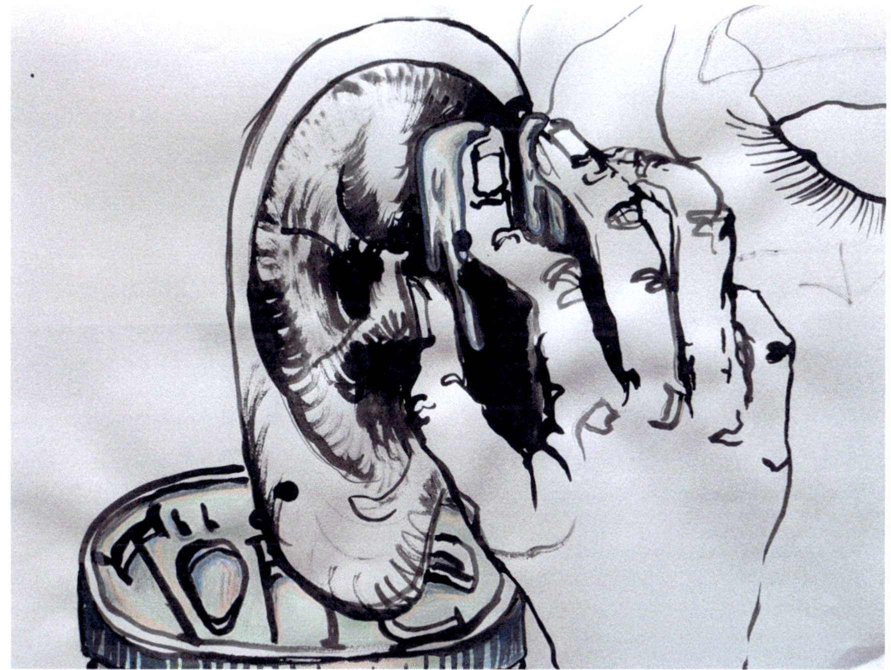

Bild: Maren Wendorff

---

6 Warum dieses Pöhm in diesem Kapitel steht? Weil Akrosticha ganz klar für verdichtend Tätige dazugehören: Muss man sich unbedingt dran versucht haben!

Die Unhintergehbare

Die Poesie macht derzeit eine Pause
und widerspricht mir grad in dem Moment:
Selbst wenn ich mich versteck in meiner Klause –
sie macht weiter: ganz schön renitent!

Lichten, schlichten, dichten

Die Welt ist Dir zu dicht? Du kannst sie lichten!
Sie ist zu dunkel? Dann entzünde Lichter!

Du magst Konflikte nicht? Kannst sie ja schlichten!
Dein Leben ist komplex? Dann mach es schlichter!

Du stehst auf Poesie? Du kannst ja dichten:
Schreib einfach Poeme und werd … Klempner.

Bei kräftigen Spaziergängen passieren weitaus mehr Gedichte als im stillen Kämmerlein. Der nachfolgende Vierzeiler ist mir aus dem Kopf oder aus der Seele gefallen, als ich mich bei anbrechender Dunkelheit beim querwaldein Laufen beinah verirrt hätte, weil der Wald immer dichter wurde …

Dichter Wald

Der Poet stellt seine Lichter
manchmal untern Eimer,
er denkt schon mal: »Der Wald ist dichter,
ich bin nur ein Reimer!«

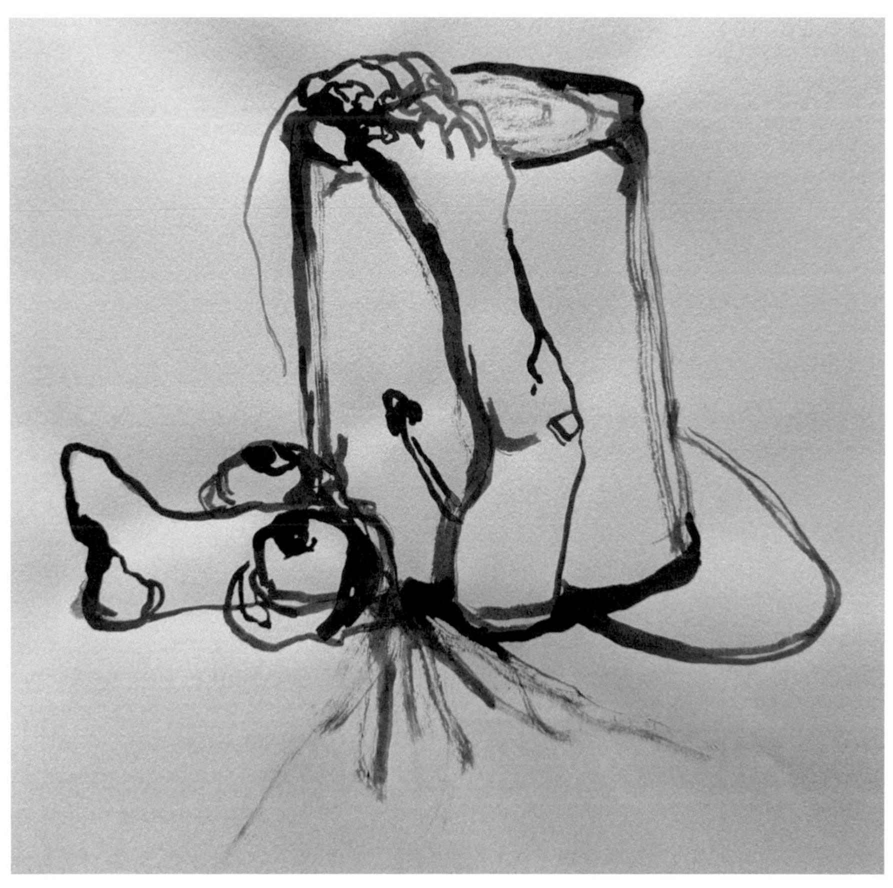

Bild: Maren Wendorff

Natürlich braucht ein richtiger Verdichter auch die Herausforderung der Auftragsdichtung, und tatsächlich hat es nach Aufnahme der poetischen Aktivitäten nicht lange gedauert, bis sich in meinem Umfeld herumsprach, dass wohlmeinende und (im positiven Wortsinn) konsumerable Lyrik, in der richtigen Dosis verabreicht, geradezu therapeutische Folgen haben kann – so, wie das ›bloße‹ Verfassen bereits eine heilsame Angelegenheit ist. Schon recht bald erreichte mich der erste Auftrag, doch bitte gerade jetzt, in dieser Zeit, die verwirrt, frustriert und negativ auflädt, ein Gedicht zu verfassen, dass Trost spendet und diesen auch ernst meint. Natürlich habe ich nicht gezögert. (Ein drittes Auftragsgedicht findet sich weiter unten [»Der Verwaltungsapparat«].)

Der Auftrag

Auf Bitten des verzagten Herrn,
dem ich freundlich zugetan,
schreib ich diese Zeilen gern!
Sie folgen wunschgemäß dem Plan,

motivierend aufzubauen,
das Leben zu bejahen, um
positiv nach vorn zu schauen,
nicht länger nur nach dem »Warum«,

statt dessen mal nach dem »Wofür«
zu suchen, weil ich damit eher
die Frage nach dem Sinn berühr,
den ich für mein Tun begehr.

Klar soweit? Dann ist's ja gut:
Fühl Dich hiermit aufgebaut
und motiviert und voller Mut,
denn: alles ist noch nicht versaut!

Kritik am bärbeißigen Meister der humoristischen Dichtkunst

Der großartige Wilhelm Busch hat zahlreiche wunderbare Gemälde, Zeichnungen, Balladen und Gedichte hinterlassen. Aus seiner berühmten Bildergeschichte »Die fromme Helene« stammen zwei Zeilen, an denen mich immer schon etwas gestört hat:

>»Das Gute – dieser Satz steht fest –
>Ist stets das Böse, was man läßt!«

Was mich an diesen Zeilen stört, musst Du schon selbst herausfinden, schließlich ist das hier kein Besinnungsaufsatz. Die pessimistische und fatalistische Grundhaltung, die darin zum Ausdruck kommt, kann man auch und gerade in einer Zeit, die geeignet ist, solcherlei Haltungen zu zementieren und dadurch zu verzagen, vom Kopf auf die Füße stellen. Vielleicht mag der eine oder die andere ein paar Sekunden darüber nachdenken:

>Das Beste – dieser Satz macht Mut –
>ist oft das Gute, was man tut.

♫

Ein weiterer Dichtungsauftrag hat mich Ende November 2023 erreicht. Der Wunsch war eine Art poetischer Adventskalender: Jeden Tag ein Gedicht – insgesamt also 24 an der Zahl. Natürlich habe ich auch hier nicht gezögert, und natürlich gehört nicht alles hier abgedruckt: schließlich war Vieles davon zu persönlich, da der Wunsch von meiner geliebten Ehefreundin kam. Aber ein wenig angepasst darf eine Auswahl, neu zusammengestellt, den Versuch machen, auch anderen Freude zu bereiten.

Advent?

Advent heißt »Ankunft«, das ist ziemlich klar soweit,
die Ankunft steht somit auf dem Tapet
aller Adventskalender. »Was braucht so viel Zeit,
um anzukommen?«, fragt sich der Poet.

Um wieder anzukommen braucht das Licht
die Dunkelheit, weshalb das Licht diskret
das Weite sucht; doch postadventlich bricht
sich's langsam wieder Bahn, weiß der Poet.

Das Finstre, wie Du's drehst und wölbst,
nimmt Licht und Schönheit nicht sie selbst.
Das Dunkle ist es, was vergeht,
das andre nicht, glaubt der Poet.

Noch länger hält sich jetzt das Licht versteckt,
die Sichtbarkeit der Welt: Sie schweigt beredt,
und zwingt uns, auch wenn das nicht allen schmeckt,
uns zu besinnen; das denkt der Poet.

Im Dunkel der Adventszeit steckt Gewinn,
denn wenn wir uns besinnen, dann entsteht
Besinnlichkeit, und darin steckt auch ›Sinn‹ …
»Denkt mal darüber nach!«, rät der Poet.

Besinn- und auch Gemütlichkeit und Tee
und Kerzen; Fenster zu, wenn's draußen weht:
Das geht bei Graupel, Regen oder Schnee …
Ihr wisst das? Dann ist's gut, sagt der Poet.

Gebrannte Mandeln auf dem Markt (sehr lüstern!),
Orangen, Tannengrün und mehr noch weht
besondren Duft in unsre offnen Nüstern.
Das gibt's nur im Advent, meint der Poet.

Kekse und auch Kuchen backen,
Kaffee trinken oder Met,
Geschenke in was Buntes packen …
»Das ist schön!«, sagt der Poet.

Entspannung und Behaglichkeit,
kochen, essen, nur zu zweit:
Das sind so Dinge, ganz konkret,
die gut tun, findet der Poet.

Stille? Ruhe? Aber klar!
Licht und Wärme? Ganz und gar!
Lärm und Hektik? Obsolet!
Spricht jahresendlich der Poet.

Winterwetter, Frost und Eis,
diese mag auch der Ästhet.
Nur noch Formen, alles weiß:
»zaubrisch!« freut sich der Poet.

Wenn die Sonne endlich dann entscheidet,
wieder länger für uns da zu sein,
fängt der Winter an, und sein Design
bringt diese Blumen, die ihm jeder neidet,
die an Scheiben blühen, nicht im Beet …
Kälte ist auch schön, meint der Poet.

Und Weihnachten? Die Ankunft eines Herrn?
Wer einen hat und diese feiern möchte,
soll das tun, da will ich mich nicht sperrn,
mir reicht es, wenn es sich um Menschenrechte,
um Respekt und auch um Liebe dreht,
und ja: um Hoffnung – dass sie bleibt, nicht geht –,
dreht sich's auch … so schließt nun der Poet.

Aktuelles

Eines ist wohl klar: Ein Kapitel, das so heißt wie dieses, verliert beim Schreiben wie beim Veröffentlichen fast augenblicklich den Bedeutungsgehalt seines Namens – vor allem, wenn es ältere Texte enthält. Was aber alle hier versammelte Gedichte gemeinsam haben ist der Anlass, der sie hervorgebracht hat: Aktuelle Ereig- oder Erlebnisse, die zum jeweiligen Zeitpunkt poetisches Tun beinahe erzwungen haben und entweder einen zumindest für mich guten Zweck erfüllt oder eine Auseinandersetzung mit Themen auf den Weg gebracht oder präzisiert haben. — Übrigens: Sie verlassen jetzt den kommentierten Sektor! Stellen Sie keine Fragen dazu!

Appell[7]

Oktober, Goldner, sag: wo hast Du Dich versteckt?
Es ist ja schon November, was man draußen schmeckt!
Dein Licht und Deine Farben: ach, sie fehlen sehr:
Der Herbst wird ohne Dich doch viel zu früh schon schwer!

Zu groß ist der Kontrast zu dem, was in der Welt
(die bald scheinbar gar nichts mehr zusammenhält)
passiert? Da hast Du Recht: Ich kann Dich gut verstehn;
doch *mit* Dir wär's für eine Weile wieder schön …

Politische Debatten seit 2015

Ich frage mich bei manchen Leuten:
»Wovon lassen die sich leiten?«
Meistens sind das dann die Lauten.
Ich hör schon, was die wieder Läuten …

---

7 Die ersten Oktobertage des Jahres 2024 waren sehr düster und wollten zur politischen Gesamtlage passen. Da war ein poetischer Appell überfällig!

Herbst 2024

Kälte und Nebel, Verfall und Verlust,
Dunkelheit, Rückzug und Kälte … und just
dürfen Verbrecher, Rassisten, Idioten
die Demokratie weiter gordisch verknoten

und phobo- wie narzisstokratisch zerschlagen
und immer weniger Volksherrschaft wagen,
gewählt, mit Mandat – wenn auch manipuliert
und propagandistisch aufs Glatteis geführt …

Wenn Demokratien die Blätter verlieren,
wenn zu viele Knospen vereisen, erfrieren,
dann sterben erst Vielfalt, Vernunft und Respekt,
bevor dann die Freiheit endgültig verreckt.

Setzen, stellen, legen

Hat sich das bei Euch wieder gesetzt,
was in der Welt passiert und *das* ersetzt,
was wir jahrzehntelang so sehr geschätzt?
Was wird aus Werten, die wir auch noch jetzt

bewahren? Hat die Frage wer gestellt?
Was glaubt Ihr: Ist's der Mensch oder die Welt
(die bald vielleicht nichts mehr zusammenhält)
was da durchdreht und die Zeche prellt?

Hat sich das Gefühl bei Euch gelegt,
dass viel von dem, was sich da wieder regt,
bleiben will und uns beinahe zerlegt?
Tun wir genug, damit sich das zerschlägt?

Januar 2023

Kolonialismus – weitere Runde,
der Kanzler ist auf Werbetour.[8]
Lithium, andre seltne Erden …
das wird für *uns* ein Vorteil werden,
und wieder schaun die *andern* nur …
Zeitenwende – zweite Stunde.

Fußball in Katar

Mit die größten Li-, La-, Lumpen
unsres reichen Teils der Welt
schwingen dicke Hi-, Ha-, Humpen,
feiern, was das Zeug so hält.

Sie feiern sich, das Hirn verschmort,
dort, wo es um Fairness geht,
um Gerechtigkeit: um »Sport«;
denn für beides, dacht ich, steht

diese Silbe, diese eine;
doch Ihr mach es mir zur Qual,
Spiele schau ich diesmal keine:
Fi-, Fa-, Fußball kann mich mal!

Restaurantgeplauder

Nee, nee: Lämmer isst man nicht,
hab selber fünf im Garten!
»Für mich? Mmhhmm … aus der Karte … hier:
vom Kalb – da, diesen Braten!«

---

8 So titelten die Tagesthemen Ende Januar, als der Bundeskanzler mit einer Wirtschaftsdelegation in Südamerika unterwegs war.

Ja, ja: Der Klimawandel macht
mir jetzt doch ein paar Sorgen!
Die Kreuzfahrt? Die beginnt um acht,
am Samstag, also morgen.

Vom Schiff hat man 'nen tollen Blick:
Da schrumpfen ja die Gletscher!
Die neue Kamera ist chic:
Ich film Euch das Geplätscher!

Rückblick auf den August 2022

August: Ich weiß, es ist nicht Deine Schuld,
und dennoch möchte ich Dir eines sagen:
Du warst zu heiß, und meine Ungeduld,
sie richtet sich mit vielen bangen Fragen

gar nicht an Dich, vielmehr an Meinesgleichen:
an solche Menschen, die Recht dicke Haufen
darauf machen: auf die klaren Zeichen,
dafür, dass wir uns total verlaufen …

Es braucht wohl einen Krieg, damit wir schnallen,
dass Ressourcen, die wir blind verprassen,
kostbar sind, dass Warnungen verhallen,
die eh nicht dazu führen, dass wir's lassen.

August - ich weiß, Du kannst ja nichts dafür,
und nächstes Jahr, da kommt bestimmt die Kür!

Rück- und sorgenvoller Ausblick

Wir hatten sie uns gründlich untertan gemacht,
die Welt – wie immer ohne Rücksicht auf Verluste –,
Claims gesteckt, die neuen Grenzen streng bewacht
und Menschen weit verschleppt, wobei ein jeder wusste:

Für diese »Waren« gibt es niemals ein Zurück,
und in der neuen Welt, da fehlte Arbeitskraft.
Die Qual von Sklaven, sie gereichte uns zum Glück –
wir nutzen heute noch was andren Leiden schafft.

Exotisches und Feines, lohnfrei produziert
haben wir der Welt für teures Geld verkauft.
Seither geht es uns gut: wir hocken saturiert
in einem Teil der Welt – wir ham ihn »frei« getauft.

»Zivilisiert« wird dieser Teil ganz gern genannt,
und wer dazugehört, hat mehr Wert als der Rest.
Braune Mörder steckten dann die Welt in Brand,
es starben schrecklich viele – mehr als durch die Pest.

Der Brand wurde gelöscht – mit Macht und alliiert,
die Haltung nicht: Sie zog hinter verschlossne Türen.
Die Welt wurde komplexer und globalisiert,
und bald schon zog man wieder an den alten Schnüren.

Als viele die komplexe Welt nicht mehr verstanden,
da wählten sie – wie oft schon – leider radikal,
und weil Geduld, Respekt und Toleranz verschwanden,
wurde Wut auf Andersheit wieder normal.

Wenn Wissen, wenn Verstand und Menschlichkeit versanden,
dann wird die Lösung meistens eindimensional:
Das Denken, die Vernunft, die Klugheit kam abhanden,
zu viele stimmten zu schnell ein in den Choral

der Missgunst und des Neids, der Ungerechtigkeit,
des nationalen Egoismus und der »Stärke«,
der dreisten Propaganda und Verlogenheit:
Brauner Mist, ist, ach!, schon wieder mal am Werke.

Vorsicht: eine Ansicht mit Absicht!

Hoffnung und auch -slosigkeit,
Un- und Glück zur gleichen Zeit,
Spreng- und zugleich Schaffenskraft,
zauber- sowie schauderhaft …
Solche und noch mehr Extreme
sorgen oftmals für Probleme

(nicht *per se*, das glaub ich fest,
sondern wenn man's unterlässt,
Andersheit stets zu beachten
und das Ganze zu betrachten).

Gegensätze auszuhalten
können Menschen selbst gestalten:
Gem*einsam* geht das ziemlich gut,
einsam nährt es diese Glut,
aus der *Gutes* nicht entsteht,
wie man's wendet oder dreht.

Was es braucht für noch mehr Gutes,
außer Kästnerschem »man tut es«?
Rück- und Aus- und Zuversicht
(ja: für alle!) – viel mehr nicht.

Menschliches

Der Tod ist Nichts

Jedes Menschen Leben endet –
das gehört dazu,
und dass am Ende unsrer Zeit
das Sterben kommt und Traurigkeit
muss mit ins Passepartout.

Der Tod jedoch geht uns nichts an,
er ist kein eignes Wesen.
Auch Dunkelheit und Kälte sind
nicht Seiendes, sind beide Kind
des Nichts und des »Gewesen«:

Das Nicht-Vorhandensein von Wärme,
Abwesenheit von Licht,
ein Fehlen jedes Wachsens, Strebens,
Fühlens, Denkens … jedes Lebens,
das sind sie – und mehr nicht.

Der Tod ist ist unsre Sache nicht:
die unsre ist das Leben.
Solange dieses in uns ist,
ist alles da, was uns bemisst:
drei Seiten, die ergeben,

dass wir Menschen unter Menschen
sind – und dieses heißt:
Fühlen, Spüren, Lachen, Weinen,
Denken, Sprechen, Schreiben, Meinen …
mit Körper, Seele, Geist.

Wenn wir diese Kräfte nutzen,
sie dafür verwenden,
uns, solange wir noch leben,
Lob und Wertschätzung zu geben,
kann das im Guten enden.

Dunkle Wege

Stein an Stein gelegt von nackten Händen,
die Füße finden halt: es geht sich gut.
Heiter liegt der Weg im Sonnenlicht,
düster liegt er unter Laub im Herbst.
Im Winter ist er grau und kalt – Gefahr
und andre Schrecken gehen von ihm aus …
So ist der Weg im steilen Wald, und wer,
ja: Wer hat diesen Steig für ›uns‹ gebaut,
für Deutsche, damals tausendjährig arm?
Menschen unter Zwang und ›konzentriert‹,
in Ketten hingeschleppt zu ›unsrem‹ Wald:
Mir wird ganz oft, wenn ich den Weg beschreite,
von unten und dann auch im Innern kalt.

Der (Inne-)Halt

Wer innehält, der bietet seinem Denken
auch mal eine andre Richtung an.
Wir sollten diese Chance nicht verschenken:
Der Kopf ist rund: Wir wissen, dass er's kann!

Wer sich am Jahresende, also nur
selten einen solchen Wechsel gönnt,
fährt die meiste Zeit auf einer Spur –
Neue Dinge werden so verpennt!

Traut Euch nur, es ist nicht zu bestreiten:
Wer Wege sucht, der muss auch schon mal stehen.
Um Ziele zu erreichen braucht es Zeiten,
in denen wir auch mal nach innen sehen.

Autophagisches Rätsel

In das kleine Wörtchen ›finis‹,
Latein für ›Ende‹, wie man weiß,
hat sich was hineingeschlichen,
das – von weitem klein und leis –
Helligkeit ins Dunkle bringt
oder dessen Schluss besingt.

Es sitzt nun zwischen ›fin‹ und ›is‹,
macht dadurch aus dem Ges ein Fis
und aus dem bloßen Nichts ein Sein
und wird gemocht, denn obendrein
hams die meisten Menschen gern.
Es reimt sich auf des Pudels Kern.

Wissen macht Sein

Ja: Ich mag die Dinge, die ich kenne,
und kenn ich mich nicht aus, dann werd ich klein.
Doch wenn ich Neues lerne und benenne,
ist es nicht mehr unbekannt – wie fein!

Großstadtwanderung

Laut, zu laut und voll, zu voll
und viel zu viel in Dur und Moll,
zu eng und auch zu grell, zu grell,
zu schön, zu rau, zu hart, zu schnell.

Tattoos und Schminke: schrill, zu schrill.
Es riecht nach Rauch, Parfüm und Grill,
nach Abfall und nach Suff und Geld …
Es gibt fast nichts, was mich hier hält.

Einsicht

Ich fange gerade an zu schnallen,
dass nicht mehr allen zu gefallen

mein Handeln künftig lenken muss.
Ist das für andre ein Verdruss,

so hab ich justament entschieden,
Launen nicht mehr zu befrieden,

und ist die Stimmung dann nicht schön,
ist das nicht mehr nur mein Problem.

Wenn Achtsamkeit mein Handeln lenkt,
wird Lebenszeit nicht mehr verschenkt.

Falsche Größe

Menschen, die das Negative suchen,
sehen, weil sie's wollen, eine Welt,
die fast nichts als Schlechtigkeit enthält,
und über Schlechtes lässt sich's trefflich fluchen.

Manche davon tun mir nicht mal leid,
denn Empathie – sie prallt an ihnen ab …
So weit so schlecht: Es gibt sie, nicht zu knapp,
ich schenke ihnen nichts von meiner Zeit!

Sie sehn in andren niemals etwas Gutes,
und so entsteht für sie die Illusion,
der eigenen Größe: Seelen-Silikon …
Ihr findet das zum Lachen? Na: dann tut es!

Von der Unzulänglichkeit narzisstischen Strebens

Der Mensch macht vieles falsch.
Der Machtmensch tut das auch.
Er merkt's nur nicht und gibt's nicht zu,
fällt niemals auf den Bauch:

Denn für dieses Leben
sind Narzissten dreist genug
und ihr ganzes Streben
setzt auf Lug und Trug.

Gute Gesellschaft

Wenn sonst niemand bei mir ist,
fühl ich mich allein.
Ich hör mir selbst dann gar nicht zu,
lass mich absichtslos in Ruh,
horch auch nicht in mich rein.
Wie schade!

Wenn sonst niemand bei mir ist,
lad ich mich mal ein,
denn wenn ich das richtig sehe,
ist es nett in meiner Nähe,
ich sag bestimmt nicht »nein!«
Gute Idee!

Wenn sonst niemand bei mir ist,
bin ich nicht allein:
Körper, Seele, Geist und Welt,
das, was uns zusammenhält,
hab ich stets am Bein.
Na guck!

Hochnasig

Um die Nase hoch zu tragen,
gibt es einen guten Grund …
Du kannst den Elefanten fragen,
auch die Giraffe tut ihn kund!

Die Erkenntnis ist trivial?
Das findest Du? Dann frag Dich mal,
wo Du Deine Nase trägst
und ob Du's nochmal neu erwägst!

(In-)Toleranz

Man urteilt über Menschen oftmals viel zu schnell,
meistens über solche, die man gar nicht kennt,
Gesichtsausdrücke, Bärte, Haarfrisuren, grell
geschminkte Dialoge – meistens nicht dezent

hervorgebracht –, Sandalen, Doppelkinne, Bäuche …
und manch anderes legt unser Denken fest.
Festgelegtes Denken schärft nicht gerad die Sinne;
drum sind wir gut beraten, dies von dem Podest

der Meinungsbildung dann und wann herabzuholen:
oft entpuppen Leute sich nach zwei, drei Sätzen
als solche, die wir dann verschämt, berührt, verstohlen
neu betrachten, um die Freundlichkeit zu schätzen,

die sie uns und anderen entgegenbringen …
man sollte sich noch öfter Toleranz abringen!

Schönheit

Im Denken aller Menschen und im Fühlen
ist Schönheit fest verankert und sie kann
besorgen, dass wir niemals unterkühlen,
betrachten wir die Welt in ihrem Bann.

Sie ist nicht zu verwechseln mit den Dingen,
die wir als schön empfinden in der Welt.
Doch deren Schönheit würd' nicht in uns dringen,
wenn's in uns nichts gäb, das sich an sie hält.

Das Rapsfeld blüht und duftet gelb nach Honig,
der Himmel drüber ist sehr blau und wolkt,
der Wind dazu ist weich, Du fühlst Dich wohlig:
Auch das ist etwas, das der Schönheit folgt.

Der Himmel überm Meer ist eine Macht,
die Sonne sinkt darin und färbt die Welt,
die Luft ist wild und Deine Seele lacht:
Auch das ist's, was an Schönheit uns gefällt.

Das Morgenlicht im Wald bricht durch die Blätter:
Du siehst das, und Du wirst davon berührt.
Das geht natürlich nur bei gutem Wetter:
Der Regen hätt zu anderem geführt!

Doch auch ein Regentag hat seine Schönheit:
Da dampft der Boden, und der Tropfen blinkt.
Am Ende eines Regens kommt viel Klarheit,
der Reiz der Welt ist dann eher ungeschminkt.

Verwalten und Gestalten

Es ist 'ne Plattitüde,
und hinten beinahe flach:
Verwalten macht mich müde,
Gestalten – das hält wach!

Begegnung im Sommerwald

Heute früh im Wald war's herrlich:
wunderbar und kühl und schön!
Bei einer alten, würdevollen
Buche blieb ich länger stehn.
»Na? Auch ganz alleine hier?«

Bild: Maren Wendorff

Wortgewand 1

Wenn die Seele abends friert,
dann hüll sie einfach ein:
Sind die Gedanken warm, die schönen,
die aus vertrauten Mündern tönen,
ist das wie guter Wein.

Schöne Sprache – Wort an Wort,
sie nimmt Dich an die Hand.
Wenn dann die Zeit nicht mehr vergeht,
lehn Dich zurück, denn so entsteht
ein warmes Wortgewand.

Pessi-Mist

Kennst Du das? Du wirst gefragt
wie's Dir geht?
Hast Du darauf schon Mal unverzagt
gesagt, wie's um Dich steht?

Wer ›höflich‹ ist, weiß nur, was sich ›bei Hofe‹ schickt
und sorgt sich um Personen nicht!
Hast Du diese Wahrheit erst geblickt,
dann übe doch Verzicht:

Lächle und sag »gut – okay …
Mir geht es fein!«
Die Antwort juckt doch eh
kein Schwein!

Körper, Seele, Geist und Welt

Du spürst den Körper, tut Dir wo was weh.
Den Geist fühlst Du beim Denken 'ner Idee.
Die Seele merkst Du, wenn Dich was bedrückt.
Die Welt sagt Dir kurzum, sie sei missglückt.

Die Seele fühlst Du, wenn Dich was berührt.
Die Welt ist jedem so, wie's ihm gebührt.
Du merkst den Geist, wenn's Denken sich verstrickt.
Du spürst den Körper, wenn Dich etwas zwickt.

Der Geist macht's Denken oftmals sehr abstrakt.
Den Körper fühlt man kaum, wenn ihn *nichts* zwackt.
Die Welt hat schöne Seiten – immerhin.
Die Seele spür ich, wenn ich glücklich bin.

Die *Welt* ist's nicht: Der *Mensch* ist unverschämt.
Die Seele spür ich, wenn mich etwas grämt.
Ich merk den Körper dann, wenn etwas schmerzt.
Den Geist fühl ich z. B., wenn er scherzt.

Eins hätt' ich doch tatsächlich fast vergessen:
Auf Sex ist unser Körper ganz versessen!
Man fühlt sich nicht nur, wenn was zwackt und zwickt …
Das kommt davon, wenn's Denken sich verstrickt!

Keine Panik vor der Angst

Es gibt etwas, das ohne Dich
zu fragen nach Dir greift.
Die Achsel füllt sich bald mit Schweiß,
dabei ist Dir doch gar nicht heiß …
Du fragst Dich schon: »Was soll der Scheiß?«,
doch auf die Frage pfeift

die Macht, die ungebeten kommt
und heimlich Dich besetzt.
Wenn Du's nicht merkst, dann ist das schlecht:
Dann wirst Du ziemlich schnell ihr Knecht,
gehst nicht dagegen ins Gefecht
und gehst zu guter Letzt

Wege, die Du nicht mehr selbst
bestimmst und dran erkrankst.
Drum rat ich Dir: gib auf Dich acht!
Horch in Dich rein, behalt die Macht,
und sag der Furcht – ’s ist angebracht! –
»Mir machst Du keine Angst!«

Zeitliches

Januar

Januar, Jahreserster, Jänner:
Du bist kalt, Du bringst uns Eis!
Ich mag ihn nicht und freu mich, wenn er
geht und wenn es damit leis

kleine Schritte Richtung Lenz
geht, auch wird es immerhin
früher hell, doch letzten Ends
ist außer Winter nicht viel drin!

Gute Vorsätze, sie gehen
schon im Januar über Bord;
die den Nebel überstehen,
sind spätestens im März verdorrt.

Zehn Tage ist der Winter alt,
wenn der Eismonat beginnt.
Felder, Wiesen, Himmel, Wald
sind für warme Farben blind.

Wer sich raus wagt – ich geb's zu! –,
mit Schal und Mütze, warmer Jacke,
langer Kleidung – auch *dessous* –
hat auch dies hier an der Backe:

sanfte Farben, auch im Grau,
Frische, Klarheit, Eis als Blüten,
pastellnes Rot und Grün und Blau …
Schönheit – und ganz ohne Mythen!

Prima, Vera!

Frühling hat kein blaues Band,
ein Dichter hat's erfunden,
doch was ich gestern draußen fand –
ich geb es unumwunden

zu –, ist schön: ein bunter Duft,
sanft-florale Gase:
die butterweiche Blütenluft
umschmeichelt meine Nase.

Des Dichters frühlingsblaues Band:
hab's stundenlang gesucht,
und hab, als ich's so gar nicht fand,
doch nicht den Tag verflucht.

Veilchen, lieber Eduard,
sind meistens violett,
und doch: Dein Bild ist sehr apart,
ich find es wirklich nett!

Manches flattert, vieles bunt,
rosa, rot, orange.
Der Winter hat verloren und
erhält keine Revanche:

Die Welt, sie wechselt nun ihr Kleid,
grau und braun sind out,
Schwere weicht der Heiterkeit
'ner frischvermählten Braut.

September

Der Herbst beginnt nicht mit dem ersten Tag
des Monats, der ganz einfach »Siebter« heißt.
September: Du machst Wetter, das ich mag,

die Früchte an den Bäumen machst Du feist
und malst sie bunt: Du wählst die warmen Farben,
die Tage machst Du kürzer und befreist

die Erntefelder von den goldnen Garben,
die Pflanzen, Tiere, Menschen von der Hitze,
durch die schon wieder gut 3000 starben.

Farben werden milder und die Skizze
Deiner Horizonte wird jetzt weich:
sanftere Kontraste! Rehe, Kitze,

Hasen trifft man an im Wald und reich
wird bald die Farbenvielfalt vieler Hügel …
Man sieht das, man genießt das und zugleich

wird klar: Schon bald bekommen Blätter Flügel,
und erst an Deinem Ende, Monat Neun,
übergibst Du dann dem Herbst die Zügel …

in dem dann andre Wetter dräun.

Oktober

Die Sonne steht schon tief, rot bricht das Licht
und fällt auf warm gefärbte bunte Blätter.
Es übergießt die Welt mit Gold, und dicht

sind morgens nun die Nebel – noch adretter
werden dadurch Hügel, Wiese, Tal.
Menschen gehn nach draußen: Manche Städter

zieht's ins gelb getupfte Grüne: Kahl
wird's bald, und dunkel, nass und grau und kalt
geht's anschließend ins hintere Quartal.

Doch vorher gibt »der Goldne« noch mal Halt:
Sein Laub macht selbst die grauen Töne warm,
noch rauscht das Blättermeer im bunten Wald.

Der Herbst hat im Oktober noch viel Charme.

November

Die Blätter rennen rasch in Rudeln über Straßen.
Ihr Motor ist der Wind – der Herbst ist bunt.
Der Himmel ist durchwachsen, und in Maßen
wärmt die Sonne noch, die im Verbund

mit gelben Blättern, oft im Gegenlicht,
ein weiches Schimmern durch die Augenlider
direkt in das Wohlbefinden bricht –
fast so, als käm die Kälte gar nicht wieder.

Den alten Freund ›April‹ zu imitieren,
macht dem November augenscheinlich Spaß.
Es bleibt uns nichts, als dies zu akzeptieren,
und das gelingt oft nicht im Übermaß.

Doch gerad das Grau gehört zum Herbst, genau wie
Buntheit, Wärme, Licht und frischer Wind;
es weckt mitunter die Melancholie,
in der die Schönheit dann schon mal zerrinnt.

Die Traurigkeit darf gern ein Weilchen bleiben;
ich geb ihr in der Küche einen Platz:
Kaffee kochen, kalte Hände reiben,
der Zettel, das Papier, der erste Satz

dieses Gedichtes ist dann alsbald geschrieben
und wäre ohne wechselhaftes Wetter
wahrscheinlich einfach ungedacht geblieben:
Danke, Wolken! Danke, bunte Blätter!

Dezember

Im Wald hat nun das grüne Meeresrauschen eine Pause.
An seine Stelle tritt ein etwas andrer, härtrer Ton.
Der Wind in nackten Zweigen klirrt, spricht Weichheit eher Hohn.
Die Kälte beißt jetzt, und wer zimperlich ist, bleibt zu Hause.

Du hörst den Wind die Bäume knirschend aneinander reiben:
unheimlich, gespenstisch knarzt der Ton – wie alte Türen.
Die Keller-Angst von früher möchte Deinen Hals umschnüren.
Du rufst ihr leise zu, sie möge es nicht übertreiben!

Ohne ihren bunten Blättermantel geben Bäume
bei klarer Luft den Blick frei auf 'nen größren Teil der Welt.
Die weite Sicht ist etwas, das Dir lange schon gefällt:
Der Winter öffnet Deiner Wahrnehmung ganz neue Räume.

Die Sonne schwimmt in Milch, der Himmel aquarellt
blaugrau und weiß, davor oft ziemlich dunkle Wolken,
und wenn Du Pech hast, werden sie spontan gemolken:
Er ist wie Eis, der Regen, der dann auf Dich fällt.

Das Wetter diskutiert nicht – zieh Dich nur warm an!
Die Kälte kriecht durch alle Lücken in die Knochen.
Der graue Dunst wird selten nur von Licht durchbrochen,
und wenn dann einmal gar die Sonne durchkommt, kann

sie die Gesichter gar nicht mehr so recht erwärmen.
Nur manche Tage sind glasklar, jedoch sie bleiben
hart und kalt – man kann dann nur die Hände reiben
und voller Hoffnung von dem warmen Ofen schwärmen.

Vor Weihnachten, da werden viele Leute
sehr hektisch, ungeduldig, oft auch laut.
Ihr Ärger wird zumeist erst abgebaut
durch Rückzug aus dem Gestern – hin zum Heute.

Am vierundzwanzigsten Dezember dann,
am Nachmittag – so ungefähr bis acht,
wird endlich wieder etwas mehr gelacht,
und auch der Lärm stellt sich dann hinten an.

Die Ruhe, die wir im Dezember suchen,
stellt sich erst an diesem Tage ein:
Am Abend kommt sie dann vom Schein zum Sein
und in die Häuser – aber erst gibt's Kuchen!

Jahresende – absteigend

Vor Weihnachten, da werden Leute
hektisch, ungeduldig, laut.
Erst durch friedliches Geläute
wird der Ärger abgebaut.

Von ca. fünf bis acht
am Heiligabend dann
steht Lärm mal hinten an.
Silvester wird gekracht.

Neues Jahr,
neues Glück,
Eins ist klar:
kein zurück!

Mut?
Gut!
Toast?
Prost!

Räumliches

Nordsee 1

Der Wind am Meer ist wild und unerbittlich.
Er zeigt Dir klar: ›erbitten‹ kennt er nicht!
Sein Auftreten ist alles, nur nicht niedlich:
Er knallt Dir Sand und Wasser ins Gesicht.

Du stehst am Meer, Du wirst nicht umgepustet,
denn gerade stehen kannst Du ziemlich gut.
Die Seele voll? Hier wird sie freigehustet,
So machst Du Platz für Kraft und neuen Mut.

Bewertet wirst Du nicht von Wind und Meer:
Es tut Dir gut, dass ›Feedback‹ Pause hat.
Auch ohne ist Dein Inneres nicht leer:
Du wirst auch von der Selbstwahrnehmung satt.

Mal strahlend schön und mal bedrohlich kalt,
mal sanft plätschernd, zart, mal hart und rau.
Der Strand, der Wind, das Meer – sie sind schon alt:
Wir stehlen ihnen niemals ihre Schau.

Nordsee 2

Brausen, Rauschen, Haare raufen,
Wind rupft auch am Bart.
Barfuß auf dem Strand – verschnaufen:
Bist ja schon bejahrt.

Morgendliches Glücksempfinden:
dreidimensional
sind die Wolken in den Winden;
Himmel: blau wie Stahl.

Wildheit, Klarheit: kein Erbarmen:
zügellose Kraft.
Mit bärenstarken Wellenarmen
wird Strand hinweg geschafft.

Nordsee 3 – Hörnum

Allein am tobenden Meer. Im Westen: Der Wind eine Wand.
Das Stechen in meinem Gesicht: Es stammt von Wasser und Sand.
Kraftvoll wirft sie der Wind und unmissverständlich wird klar:
Die einzige Weltmacht der Erde: Sie braucht weder Geld noch Talar.

Die See dröhnt, sie erfrischt, sie ist laut, sie ist rau und salzig und kalt.
Die Tiefe der Sicht betört und das Auge findet kaum Halt.
Im Osten plätschert es sanft, denn die Luft dort ist eher sanft und mild.
Nur 900 Meter entfernt war die Welt noch dramatisch und wild.

Naturgewalt kennt keine Gnade: Begriffe sind nicht ihre Welt.
Wir staunen und finden sie schön, indessen sie nichts von uns hält.
Sie ist zauberhaft, hart und brutal, sie zeigt das und fordert Respekt.
Dem Bewunderer sagt sie nur dies: dass sie da ist und dass sie nichts schreckt.

Ein-Durch-Ausblick

Dunkle Wolken – schwarzgrau, schmutzigrosa –
rasen schnell, sehr schnell am Mond vorbei.
Der Himmel ist Gewölk – sonst scheinbar nichts,
jedoch die schmale, silbrighelle Sichel
hat einen Freund: den kalten Nord-Nordwest.
Und immer wieder bläst er ihr ein Fenster
in die mächtig dicht gewebte Decke,
durch das sie immer wieder sichtbar wird …
Der Rückenwind, er kann auch dieses zeigen:
Wer leuchtet, leuchtet auch, wenn Wolken dies verschweigen.

Bäume

Hunderte von Jahren alt,
Haut wie Elefanten.
Hunderte von Leuten glauben
Bäume würden es erlauben,
dass man sie, diese Giganten,

mit nur wenig amüsanten
Baum-Tattoos traktiert:
mit banalen Initialen
für vermeintliche Annalen …
respektlos und beschmiert!

Schizophrene Ode

Bäume: Ihr seid meine Freunde (weiß nicht, ob Ihr's wusstet).
Besonders Eure Großstadt ist es (oft vom Wind durchpustet),
was ich ganz besonders mag: Man braucht nicht Schirm noch Mützen,
beschirmt, behütet, gut bedacht – als Wald könnt Ihr beschützen.
Das Morgen- oder Abendlicht (die tiefe Sonne blinzelt
durch die Lücken Eures Grüns, was schöne Tupfer pinselt)

ist im Wald besonders schön, nicht dunkel und nicht hell:
Ein weiches Flimmern rieselt sanft herab, fast wie Flanell.
So ist's am Tag, so ist's bei Licht, und was passiert bei Nacht?
Da hätt ich mir vor kurzem bald die Hosen vollgemacht:
Da wurden Baum und Wald gefährlich, Formen wild bedrohlich,
gruslig fühlte sich da an, was morgens noch so wohlig

allen Sinnen schmeicheln wollte: Wald, was soll denn das?
Dr. Jekyll? Mr. Hyde? Natur: Dir macht's wohl Spaß
auf meinen Emotionen rumzutrampeln? Nicht mit mir:
Den Wald noch weiter zu besingen, ist nicht mehr mein Bier:
Ich hätte zwar noch schöne Wörter, Zeilen, Verse, Strophen,
jedoch der Wald, der kriegt sie nicht: Sie kommen in den Ofen!

Der Erpel

Ein Erpel erpelt ganz allein
durch eines Waldes Teich.
Er trägt sein Prachtkleid und merkt bald:
ganz ohne Ente ist so'n Wald
ein blöder Balzbereich!

Der Erpel dümpelt ganz für sich
durch diesen stillen Weiher.
Er wär gern an der Côte d'Azur,
mit drei, vier Enten, doch dafür
hat er wohl nicht die … Chuzpe!

Bahnhof 2021

Hektik, Lärm und Pandemie,
Koffer mit Motiven.
Hauptbahnhof kennt keine Ruh.
Kaugummi klebt unterm Schuh.
Bunte Perspektiven.

Menschen hasten hin und her,
Smartphone in der Hand.
In der andren eine Fluppe:
Ist verboten, aber schnuppe –
wenig amüsant.

Die Gesichter suchen Hilfe.
Rote Mützen zeigen.
Kurze Sprints zu nächsten Türen,
die zu freien Plätzen führen.
Wagen schnell besteigen.

Rote Mütze: Trillerpfeife
Rechtes Ohr tut weh.
Zug fährt ab, der Bahnsteig leer.
Kurze Zeit kein kreuz und quer …
Gleich kommt ICE.

Hoffnung

Dortmund, Phoenix: hinter Mauern,
ziemlich gut versteckt,
schaut Dich jemand[9] an und sagt,
wenig freundlich, unverzagt:
»Ihr habt's nicht gecheckt!

Was ihr hinterlasst ist viel
Schrott, Beton und Rost.
Luft zum Atmen gibt es satt,
bald in Flaschen … mit Rabatt,
kommt sogar per Post!«

Mutti hält mit SUV
vor der alten Brache:
»Mach mal fertig … schönes Bild!
Bisschen düster … cool bebrillt …
tritt nicht in die Lache!

Auto wird sonst wieder dreckig …
hau ein bisschen rein:
Der Bioladen macht gleich zu,
ist der sauber jetzt, der Schuh?
Die Party gleich wird fein!«

---

9 Das Foto auf der nächsten Seite zeigt eine Wand mit Gasmasken-Graffiti auf dem ehemaligen Hoesch-Gelände »Phoenix West« in Dortmund. Die Graffiti-Farben passen exakt zur rostig-schmutzigen Wand.

Komisches

Amüsement im Restaurant

Ein Paar schaut – fast betreten – untern Tisch.
Betroffen? Traurig? Müde? Schwer zu sagen!
Niemand wird es wagen, nachzufragen.
Ne Kellnerin bringt Teller: frischen Fisch.

Und damit weht ein Hauch von Heiterkeit
durchs Paar: vorbei scheint nun ihr stummes Leid.
Es war das Essen, das die zwei befreite:
Sie legen ihre Smartphones flugs beiseite …

Blöder Hund – geschüttelt

Erst hat der Hund zum Schein gebissen,
dann hat er mir ans Bein geschissen!

Bielepferd

Alle Menschen soll man lieben?
Alle Menschen dieser Welt?
Wo ist Dein Verstand geblieben:
Doch nicht die in Bielefeld![10]

Alle Tiere soll man achten?
Alle Tiere dieser Erd?
Könnte man wohl so betrachten –
aber nicht das Bielepferd!

---

10 Ich habe nichts gegen Bielefeld! Mir ging schlicht mehrere Tage lang das Wort ›Bielefeld‹ als Reimwort
durch den Kopf. Ich habe keine Ahnung, warum (auch mein Arzt konnte die Frage nicht beantworten)!
Ebensowenig weiß ich, woher die Wortidee »Bielepferd« kommt. Nun ja …

Das Konjunk-Tief

Angenommen, jemand schriebe
ein Gedicht und dieses bliebe
in der Möglichkeitsform kleben,
niemand würd es dorthin heben,
wo es *wirklich* werden könnte,
weil's der Dichter ihm nicht gönnte:

Was wäre damit wohl gewonnen?
Wäre dann nicht ganz zerronnen,
was für Unterhaltung sorgte,
Flaschen des Humors entkorkte,
Menschen gar zum Lachen brächte?
Wenn ich's mal genau durchdächte …
sagte ich wohl: Nö!

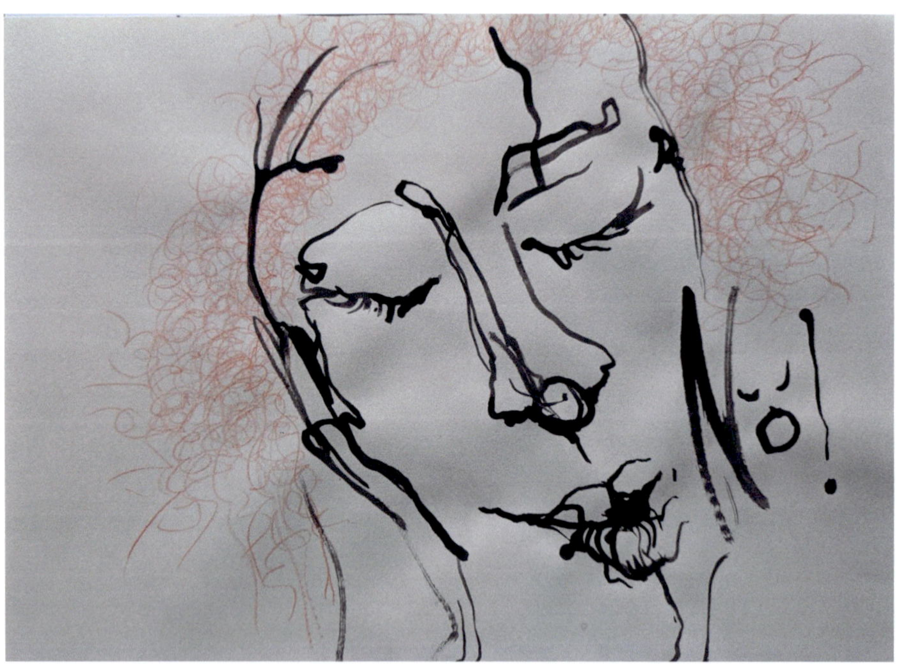

Bild: Maren Wendorff

Bundeslade: geschüttelt, nicht gerührt!

Es fragte einst ein Aktivist:
»Wenn ich diesen Kübel Mist
vor das Haus des Bundes lade,
ob ich damit wohl wem schade?«

In Berlin tut's keinem Weh,
bleib doch hier in NRW
und kipp den Mist ganz frech und krude
einfach vor die Landesbude!

Der Philosoph

Der Philosoph ist drauf erpicht,
zu wissen und zu sagen,
und viel von dem, was er dann spricht,
führt andre dann zu Klagen:
»Ach, hättest Du doch bloß geschwiegen,
dann wär vielleicht so richtig was aus Dir geworden!«

Sportlich-epigrammatisches Rätsel
mit fränkischem Einschlag

Puls? Recht kräftig! Herz? Schlägt schnell!
Kopf? Wird klar! Die Stimmung? Hell.
Achsel? Schweiß! Der Mund? Wird droggn!
Füße? Heiß! … Was ist das? Joggn!

[Drei Jahre Nürnberg – das kommt davon!]

Falsche Erziehung

Es gibt 'ne alte Redensart,
die mir gar nicht gut gefällt.
Sie benennt 'ne Pädagogik
aus einer ganz andren Welt.

Gewalt ist dort normales Mittel,
und in der nicht ridikülen
Wendung kommt sie klar zum Ausdruck:
»Wer nicht hören will, muss fühlen!«

Wohin soll denn so was führen?
Wilhelm Busch hat's klar gezeigt:
Wer die Kinder so behandelt,
hat sein Ziel ganz klar vergeigt!

Max und Moritz, diese beiden
Arschgesichter mag ich nicht;
konnt sie früher schon nicht leiden,
warum, das sagt dies Gedicht.

Dass man andre respektiert,
Weiß doch wirklich jedes Kind.
Sicher warn die so beschmiert,
dass ich keine Worte find.

Kannten keine Empathie,
andere wurden nur gequält.
Wär es möglich, hätten sie
sicher AfD gewählt.

Small Talk

Einer, der im Management
so ziemlich jede Phrase kennt
und keinen neuen Trend verpennt,

auf alles anspringt, was en vogue,
der niemals beim Committen log
und sich beim Wording nie verbog,

der hat das rechte Mindset drauf,
kennt Buzz-Words, Bullet-Points zuhauf
und trackt sein Doing noch im Lauf!

Wer andre abholt, nimmt sie mit
und ist dann auch ganz nah bei ihnen,
er brieft den CEO solid,
kann Must-Haves zeitnah gut bedienen

was nice to have ist, kriegt nen Slot
für später – wird noch aufgebeeft,
das Learning generiert er flott:
Die Exzellenz ist schon verbrieft!

Bringt Dich diese Sprache weiter?
Auf keinen Fall – doch bleib ich heiter.
Führt sie zu des Pudels Mitte?
Aber nicht doch! – Danke! – *Bitte!*

Für alle, die das Ende gerne näher an der Faustischen Pudel-Formulierung haben möchte, kann das Gedicht natürlich auch so enden:

Bringt Dich diese Sprache weiter?
Auf keinen Fall – doch bleib ich heiter.
Führt sie zu des Pudels Kern?
Aber nicht doch! – Danke! – *Gern!*

Morgendliche Impressionen und
die Rückkehr der Aufklärung
oder Kritik des reinen Gemüts

»Mücken tanzen federnd in der Sonne.«
Tanzen sie, und tun sie's nur im *Licht*?
Ich trete die Romantik in die Tonne
und schließe – etwas rau – dieses Gedicht.

Morgens um sieben ist die Welt noch in Dortmund.
Sie kommt aber aus Essen.

Ich fühle meinen Körper, wenn er schmerzt.
Den Geist merk ich z. B., wenn er scherzt.
Die Seele fühlt sich von der Welt bedroht,
sie meint, dass diese immer mehr verroht.

Spür ich den Körper nicht, dann geht's ihm gut.
Durchs Denken macht der Geist mir manchmal Mut,
und fühl ich Freude, sagt mir meine Seele:
»Heut droht die Welt nicht: heut bleibt sie in Steele«.

Prominente im Sylter Süden

Manche Promis gehen mit Verve
andern Leuten auf den Nerv.
In Hörnum gab's lang keine, doch
eines Tages kam van Gogh.

Auch das Königshaus der Briten
mit den vielen bunten Hüten
war womöglich in der Näh,
wenn ich das hier richtig seh …

Sprachschwierigkeiten

Die deutsche Sprache ist nicht leicht,
Man merkt's bei manchen Wörtern.
Die sollten nicht verwechselt werden,
sonst gibt es nachher nur Beschwerden –
die muss man dann erörtern.

Das gilt für für ›wiegen‹ und ›gewogen‹,
für ›haben‹ und für ›sein‹.
Wer da was durcheinander bringt,
und die Grammatik nicht durchdringt,
wird ungewollt gemein:

Wer etwa Selbstfürsorge wünscht,
meint: »Bist Du Dir gewogen?«
Wer in dem Fall das Falsche sagt
und »Hast du Dich gewogen?« fragt,
kriegt Zuneigung entzogen!

Spielerisches

Der Lügner

Ein Lügner lag einst – ungelogen! –
am Abgrund; ganz am Rand.
Er spähte in die Tiefe, und
die Augen sahen keinen Grund:
Die Höhe war brisant!

Er schaute runter – unverwandt
»Da ist doch nichts dabei!
Das macht mir wirklich gar nichts aus,
bin ja ein Mann und bin keine Maus!«
Er war wohl schwindelfrei …

Bild: Maren Wendorff

Der Verwaltungsapparat

Man schreibt das Jahr 2068.
Das Analoge ist dort digital.
Man dachte erst: ah, lieber nicht, das rächt sich!
Doch letztlich war's den Menschen ganz egal.

Ein wichtiges Gerät wird dann erfunden,
die Freude in Behörden wird sehr groß:
Als echte Hilfe wird's bestimmt empfunden,
denn nun gelingt die Arbeit mühelos.

Mehr Freiheit fürs Gestalten macht viel her,
verwalten ist doch wie mentale Pest.
Man kann die schönen Dinge tun, denn der
Verwaltungsapparat macht nun den Rest.

Angerichtet

Ein Richter, der sich fehl-entscheidet,
hat sein Tagewerk ver-richtet.
Beklagte hatte er vereidet,
sein Urteil hat sie dann vernichtet.

Auto-Sushi

Kommst Du mit zu Bishi?
Warum?
Dai hat zu!

Folgen der Technik-Hörigkeit

Ich schreibe dies Gedicht mit trister Miene,
weil das Dichten leider nicht mehr geht,
da auf dem Display der Kaffee-Maschine
»Bitte Satzbehälter leeren!« steht.

Bewertung eines Ausgangsortes der industriellen Revolution

Der Chef hielt
viel von Sheffield.

Kanada

Mein lieber Nese, sei ja panisch,
wenn Du aus Tralien kommst und bei
Ruth oder in Donesien kana da ist!

Gefährliche Nachbarin

Vor Doris hab ich plötzlich Angst –
ich hab wohl keinen Mumm.
Die Nachricht ist von Dir gewesen,
vielleicht hab ich mich nur verlesen:
Ich glaub, sie bringt mich um!?

Zu schriebst mir was zum Weinkonsum
und Schuld ist Deine Schrift.
Den Brief hab ich vor Schreck verbrannt,
doch weiß ich ganz genau, das stand:
»Die Doris macht das Gift!«

Gleichtrichter

Nur weil ein Mensch sehr gerne Sachen sichtet,
ist er deshalb lange noch kein Sichter.
Und gibt es auf der Welt wen, der was trichtet?
Nimmer nicht! Und wen juckt's nicht? Den Trichter.
Anders ist es wiederum beim Richten,
doch sind nicht alle, die das tun, gleich Richter.

Inkompetente Instrumente

So, wie Stifte gar nicht stiften,
hämmert auch der Hammer nicht,
und sobald sich Lifte liften,
schreib ich dazu ein Gedicht.

Enzyklopädien wissen
gar nichts! Tastaturen schreiben?
Wer das glaubt, ist angeschissen
und wird sicher dämlich bleiben.

Molch und Durch

In der Musik – da gibt's zwei Grundgefühle:
Melancholie und Freude, Dur und Moll.
Das eine dreht Dich schnell durch seine Mühle,
das andre nimmt Dir gerne jeden Groll.

Die Tierwelt, sie kennt dies Begriffspaar nicht,
sie kennt den Molch, der hätte gern den Durch
als Gegenpart, doch hat der arme Wicht
ja leider nur die Untergattung »Lurch«.

Sichtbarer Widerstand

Da vorne steht der Partisan,
den wir auf der Party sahn.

Wortgewand (2)

Dem Wort war kalt, es wünschte sich
von Herzen diesen Mantel.
Der Text, in dem es wohnte, sprach,
indem er's rüde unterbrach:
»Hör auf mit dem Gegrantel!«

Das Wort war darauf sehr empört,
die andren sehr gespannt.
»Ich bin nicht schlecht gelaunt: Ich frier!«
Du gönnst mir nicht den Mantel hier?
Dann nehm ich Dein Gewand!«

Es wartete nicht länger zu,
griff sich das warme Tuch,
mit dem es aus dem Text verschwand –
so wurde aus dem Festeinband
ein schnödes Taschenbuch.

Vierfach geschüttelt

Weißt Du noch? Wir beiden war'n
damals in der Weidenbahn
und kippten uns den Badenwein
lieber an das Wadenbein.

Philosophisches

Vorgedacht

Etwas, das vorgedacht *wurde*, ist oder hat deshalb noch lange kein Vordach, und ich bin auch nicht schon deshalb ein Vordenker, weil ich etwas vorgedacht *habe*. Wenn denken und sprechen identisch sind – es gibt prominente Denker, die das so gesehen haben[11] –, könnte man auf den Trichter kommen, dass auch vordenken und vorsagen identisch sind. Wer in der Schule jemals beim Vorsagen ertappt wurde, weiß, dass dies nur bedingt stimmt.

Es ist immer wieder erstaunlich, wie viele Bedeutungsgehalte manche Wörter haben. Bei der Präposition ›vor‹ ist das noch nicht so auffällig: Da geht es entweder um das zeitliche ›früher‹, um das räumliche ›zuerst‹, oder das kausale ›aufgrund‹: Etwas ist eher da als etwas anderes, wie etwa der Wurm noch vor dem sog. frühen Vogel, jemand steht vor jemand anderem, wie z. B. die Großen im Publikum vor den Kleineren, oder jemand kommt vor Angst nicht dazu, eine Seite vollzuschreiben.

Als Vorsilbe ›vor-‹ erst scheinen mir die drei unscheinbaren Buchstaben ›v‹ ›o‹ und ›r‹ die Bedeutungsvielfalt besonders aufzubrezeln: Sie werden im Deutschen fast 170 Verben vorangestellt (herrlichen Dank für diese Info an das Wiktionary!) – ich will da jetzt nicht vorgreifen, aber man kann sich das ja sonst kaum vorstellen, wie weit man da vordringt; aber ich will den geneigten Leser*innen nichts vorheulen, lieber schon mal vorglühen, bevor es jetzt ans weitere Vordenken geht. Auf diese Weise kann ich dem weiteren Verlauf des Buchs ein wenig vorbauen und damit vorbeugen, dass mögliche Vorbehalte die positive Aufnahme poetischer Vorstöße vorbelasten.

Was das alles mit Philosophie zu tun hat? Die Bedeutung von Wörtern und Worten ist seit jeher Gegenstand des Durstes nach dem *Wissen, was etwas ist*. Meine frühere akademische Beschäftigung mit Philosophie hatte überwiegend historischen Charakter, und dabei geht es weniger um das Vor-Denken als vielmehr ums Nach-Denken. Das *damit* verbundene Fass lassen wir mal fein geschlossen. Diese Seite ist ohnehin fast voll – ganz angstfrei, also ohne ›vor-‹ … oder? Vor lauter Bestreben, genau eine Seite mit Vorgeplänkel für das nächste Kapitel zu füllen, ist genau dies ziemlich gut gelungen. — Uff![12]

---

11 Siehe das Gedicht »Die dreiseitige Medaille« auf den folgenden Seiten.
12 Ganze 32 mal findet sich auf dieser Seite die Vorsilbe »vor«. Jetzt sogar 34 mal!

Intermezzo

Wer in der akademischen Philosophie Fuß zu fassen versucht hat, und vor lauter Präzision kaum in den Schlaf gekommen ist, atmet auf, wenn er diese einfach mal fahren lassen kann, um sich statt dessen entspannt mit einer philosophischen Denkflatulenz vor dem Vater der westlichen Philosophie zu verneigen, der sich nicht zu schade dafür war, den Menschen mit Fragen so lange auf die Nerven zu gehen, bis sie getan haben, was sie mit am besten können: verurteilen und töten.

Wissensgefahr

Sokrates war eine echte Nervensäge
oder eher ein richtig guter Störenfried.
Seine Fragen waren wirklich gar nicht schräge,
trafen ›die Gesellschaft‹ so, dass man ihn mied.

Dass die oberen Zehntausend gar nichts wissen
und ihr bloßes Meinen fälschlich dafür halten,
hat er klar gesagt und damit dieses Kissen
weggezogen … musste leider dann erkalten.

Die Jugend habe er verleitet, neu zu denken,
altes Wissen habe er damit verhöhnt.
Es war nicht mehr möglich, das noch einzurenken:
Man hat sich schließlich gar nicht mehr mit ihm versöhnt.

Er ist geblieben und hat *so* zu dem gestanden,
was er wollte und für gut und richtig hielt.
Den Menschen, die als Lösung nur die Flucht verstanden,
war *klar*, mit Denken hat *der* nicht herumgespielt.

Wirklich philosophisch war die Art zu fragen,
was etwas ist und dabei peinlich drauf zu achten,
das Fragliche mit solchen Wörtern auszusagen,
die dessen Grundidee ganz vollständig betrachten.

Altes, aber Falsches, hörbar kritisieren
kann gefährlich werden, das wird damit klar.
Dass wichtig ist, die Dinge so zu definieren,
dass Wissenschaft daraus entsteht, bleibt dennoch wahr.

Ich bin, also denke ich

Bis echtes Denken Dich verpetzt,
bist Du nur im Hier und Jetzt.
Danach bist Du – das ist nicht doof! –
im Jetzt und Hier auch Philosoph.

Perspektivwechsel

Den Wind im Wald, den hörst Du nicht:
Du hörst den Widerstand von Bäumen.
Der Bach – er rauscht nicht, kann erst schäumen,
wenn der Stein das Fließen bricht.

Was das Bild Dir sagen will,
ist einfach, aber gar nicht schlicht:
Gönn Dir eine andre Sicht,
halt bisweilen einfach still,

denn wenn Dein Denken ab und an
auch mal um die Ecke schaut,
fährst Du vielleicht irgendwann
mal aus Deiner alten Haut.

Vom Glauben, Meinen, Zweifeln, Wissen

Du glaubst etwas zu wissen, und Du weißt:
Viele Menschen meinen, dass das Glauben
Ungewissheit, Ängste, Sorgen rauben
kann. Der Zweifel, der Dein Denken speist,

er warnt den Geist vor diesem Ruhekissen!
Auf Gretchens Frage würdest Du glatt sagen,
und zwar ganz ohne Zaudern, ohne Zagen:
»Vor allen Dingen glaube ich ans Wissen!«

Heu … reka!

Schafe schubbeln stumm den Bauch am Baum.
Sie sind nur in der Zeit und nur im Raum.
Die Wiese ist begrenzt – da sind die Hecken …
Gras und Halm und Kräuter könnten schmecken!

So das Schaf, so Du, so ich, so alle.
Für manche ist es Chance, für andre Falle.
Es kommt drauf an, wie man's interpretiert!
Ich seh's mal positiv – ganz ungeniert.

Sinnsteigerung

Der sogenannte Profi hat
den »Bastler« stets verlacht.
Ein Baumarkt ruft dem Handwerk zu:
»Ach, lass den Heimwerk doch in Ruh:
Respekt, wer's selber macht!«

In diesem Baumarkt hab ich Stunden,
Tage schon verbracht.
Ich bin mir sicher, im Bordell
hört man den Satz nicht ganz so schnell:
»Respekt, wer's selber macht!«

Nicht nur fürs Werken mit der Hand
zieh ich's in Betracht,
auch fürs schaffen mit dem Geist,
für echtes Denken gilt zumeist:
»Respekt, wer's selber macht!«

Für Priester hat sich's Christentum
zwei Dinge ausgedacht:
Den Zölibat und das Kastei'n,
zu beidem fällt mir eines ein:
»Respekt, wer's selber macht!«

Wenn andere Dich kritisiern,
hast Du was falsch gemacht.
Du willst nicht auf die andren warten,
jätest gern im eignen Garten …
»Respekt, wer's selber macht!«

Dein eigner Wert, er wird Dir nur
von andren überbracht?
Die eigene Person ergründen,
um dabei Sinn und Wert zu finden …
»Respekt, wer's selber macht!«

Was ist Fühlen?

Ist die Frage philosophisch,
die die Überschrift benennt?
Das muss jeder selbst entscheiden,
der für solches Wissen brennt!

Die Antwort ist nicht leicht zu geben,
probiert es ruhig einmal aus!
Achtet drauf, was in Euch vorgeht,
und dann haut die Sätze raus!

Na, gelingt nicht gleich im ersten
Ansatz, der zu vage bleibt?
Ist es vielleicht unklar, was da
fühlt und wohl sein Wesen treibt?

»Das ist die *Seele*«, hör ich's rufen,
»die da in uns wohnt und west!«
Damit ist noch nichts gewonnen,
auch, wenn Du's noch so sehr erflehst.

Das sie ›in uns‹ wäre halte
ich schon für den falschen Satz.
›In uns‹ kann es sie nicht geben:
Die Seele braucht dort keinen Platz.

Wir sind sie selbst, sind keine zwei:
sind Körper in der *einen* Sicht,
und da dieser auch belebt ist,
›andres‹, das da aus uns spricht.

Solang wir leben, sind wir *eins*:
ein Körper und auch eine Seele.
Dass beide Seiten fühlen können,
schwör ich laut: aus voller Kehle!

Die eine ist Materie,
die andre das, was sie belebt.
Diese andre ist es, die nach
Nahrung und nach Wissen strebt.

Was das Fühlen ›wirklich‹ sei,
ist damit noch *nicht* gesagt,
nicht umsonst sind wir schon ewig
nach der Antwort auf der Jagd.

Doch ich geb nicht auf: Ich will
es auch versuchen, ohne Hast,
aber so, dass es am Ende
gerade in vier Zeilen passt:

»Was wir in der Welt erleben,
sorgt in uns für Reaktionen,
im Körper, Willen, auch im Denken
und in unsren Emotionen.«

Ihr seid damit nicht zufrieden,
Euch scheint die Antwort *auch* zu schlicht?
Dann versucht's doch bitte selber –
denn hier endet dies Gedicht.

Die dreiseitige Medaille

Humboldt, Wittgenstein und Platon
haben eins ganz klar gesehn:
Sprache, Denken und die Welt
können nur zusammen gehen,

bilden sogar eine Einheit,
sind ein Ganzes – kein Gesamt,
sie sind untrennbar verwoben,
zur Gemeinsamkeit verdammt.

Die Identität von Sprechen
und von Denken auf der einen
Seite ist der Beitrag Platons
zu der keineswegs so kleinen

Einsicht dass sie dann zusammen
der Erkenntnis runde Taille
bilden, so als wärn sie beide
eine Seite der Medaille.

Dass durch menschliche Begriffe
unsre Welt doch erst entsteht,
ist der Wind, der durch der beiden
andren Denker Werke weht.

Da die Sprache mehr ist als
ein Bezeichnen unser Welt,
wird sie so zu dem, was diese
innerlich zusammenhält.

Dies hätten sie wohl *nicht* geschrieben
ohne Anleihe bei Kant,
aber Voneinander-Lernen
macht das Denken so charmant.

Dadurch wird doch eines klar:
Auch das Denken hat Geschichte,
und der Inhalt der Entwicklung
passt ganz gut auch in Gedichte.

Manche Uni-Philosophen
werden sicher widersprechen!
Weil ich nicht mehr dazu zähle,
macht mir das kein Kopfzerbrechen:

Ich verzichte auf Belege,
kann nun freier schreiben und
finde, die gereimte Rede
macht die Sache schön und bunt.

Unsinniges

Hairat – ein verbal-artistischer Nonsensbericht

Der Hai-Rat war eins der wichtigsten Selbstverwaltungsgremien der Fauna – eine internationale Organisation: Aus China war der berühmte Hai Zungg ebenso dabei wie der große Hai Lung und der mächtige Hai Lich. Indien stellte den unsterblichen Hai Liggekuh. Der deutsche Hai Degger war wegen weitestgehend unverständlicher Formulierungen auch einfachster Sachverhalte in Ekel-Haft. Die Niederlande entsandten den aller Orten wegen seiner fröhlichen Einlassungen gern gesehenen Hai ter Keyt sowie den äußerst entspannten Hai d'Roen [sprich: »d'Ruhn«] und den bekifften Hai de Kraut. Der französisch-polnische Hai de Marie Wieczorck-Zcul wurde als Spezialhai für wirtschaftliche Zusammenarbeit und Entwicklung 2009 in die Runde der Auserwählten aufgenommen.

Den Vorsitz hatte seit dem Jahre 31 der gesalbte Hai Land, nachdem der irgendwo zwischen Dortmund und Rheda-Wiedenbrück geborene Hammer Hai l'Caesar ihn vergeblich am Kreuz Dortmund/Unna zu nageln versucht hatte. Der zweite Kreuzungsversuch durch den berüchtigten Hai l'Itler sowie die 70 Jahre später versuchte Wiederholung durch den bösen Bär Lusconi wurden in letzter Sekunde in einem Hai-losen Wal-Kampf verhaitelt. Bei dem bhaispiellosen Einsatz waren der amerikanische Hai Society sowie der englische Hai Fidelity trotz ihrer imperialistischen Bestrebungen ausgeschlossen. Für den einen oder anderen endete der Kampf in der Wal-Urne.

Kleines Lexikon untergegangener Berufe

Bildhauer: Jemand, der für Geld Gewalt gegen Gemälde und Skulpturen ausübte. Der Beruf stammt aus der Zeit erster kritischer Auseinandersetzungen mit der Abbildung des Göttlichen und hat eine so lange Tradition, dass es für die Zerstörung von Bildern sogar einen altgriechischen Namen gibt: Ikonoklasmus. Ursprünglich war der Bildhauer also ein Ikonoklast: ein Bilder-Zerbrecher (vergleiche ›Verbrecher‹). Weil sich niemand dieses Wort merken konnte, wurden erst die Bezeichnung und dann auch folgerichtig die auf diese Weise namenlos gewordene Ausbildung zu dieser martialischen Tätigkeit nach dem reformatorischen Bildersturm ebenso eingestellt wie die Berufsausübung selbst.

Büstenhalter: Der Beruf des Büstenhalters hatte unmittelbar mit dem des Bildhauers zu tun: Es handelte sich um eine Helfertätigkeit, die vor allem darin bestand, die zu zerstörenden Bilder festzuhalten, sofern es sich um Büsten handelte. Wie es zu der völlig irreführenden Bezeichnung für ein Hilfsmittel zur Verhinderung gravitationsabhängiger Problemlagen weiblicher sekundärer Geschlechtsmerkmale gekommen ist, bleibt unbekannt. Neueste Ausgrabungen legen nahe, dass eine Konsonantenverschiebung und -verfälschung die Ursache sein könnte: Möglicherweise wurde das erste ›r‹ aus dem alt-lateinischen Wort ›Brüstehalter‹ in einem mittelalterlichen Skriptorium beim oft nächtlichen Abschreiben[13] versehentlich verlängert, so zu einem ›n‹ und um vier Positionen nach rechts verschoben.

Druckertreiber: Dieses Wort bezeichnet eine Tätigkeit, die in der Zeit des beginnenden Buchdrucks das erste Mal notwendig wurde. Die mit der Erfindung Gutenbergs[14] verbundene kulturelle Inflation wertete das Buch nicht nur pekuniär ab, sondern sorgte für hohe Erwartungen an die Auflagen neuer Bücher, die von zu wenigen Druckern in zu kurzer Zeit sichergestellt werden mussten. Die mit Peitschen und anderen Instrumenten versehenen und im Auftrag gieriger Verleger tätigen Treiber brüllten in der Regel pausenlos »druck er!«, woher im übrigen die bis heute gültige Berufsbezeichnung ›Drucker‹ stammt.

Erbsenzähler: Viele Menschen wären in der DDR arbeitslos geworden, wenn sie nicht die wichtige Aufgabe übernommen hätten, die in einer sozialistischen Industrienorm festgelegte Anzahl von Erbsen je Dose manuell zu zählen: »Dass in jeder Weißblecheinheit exakt 357 Erbsen zu liegen kommen, ist eine wichtige gesamtgesellschaftliche Aufgabe: Die Sicherstellung von Gerechtigkeit trägt maßgeblich zum sozialen Frieden und zur Stabilität unseres Staates bei«; so Erich Honecker angesichts der Eröffnung der Wismarer Erbsenzählmanufaktur im Juni 1971. Hunderte von Arbeiter*innen hätten ohne diese historische Tat ansonsten untätig an der Ostsee herumsitzen müssen.

---

13 Siehe auch ›Der Name der Rose‹.

14 Es handelt sich um einen *genitivus subiectivus*: Gutenberg hat etwas, wurde nicht selbst erfunden.

Fußabtreter: Zur Geschichte der Folter[15] gehören viele Praktiken des bis ins 18. Jahrhundert hinein juristisch legitimierten Strafens, die näher zu beschreiben sich aus Gründen des guten Geschmacks sowie des Takts verbietet. Es braucht nicht viel Phantasie, um sich die mit der Aufgabe des Fußabtreters verbundene Wirkung auf das menschliche Gehwerk vorzustellen. Siehe auch ›Zungenbrecher‹.

Gabelstapler: Mit der Abschaffung der Leibeigenschaft[16] ging ein Abbau beruflicher Spezialisierungen in der Gastronomie einher, die sich durch das nunmehr von Fach- und Helferpersonal eingeforderte Salär schnell als betriebsunwirtschaftlich exponierten. Mehr gibt es dazu nicht zu schreiben. Sehen Sie weiter: Hier gibt es nichts zu lesen!

Gassenhauer: Mit der Erfindung des Mähdreschers haben sich sowohl Stadtbild als auch -ton der meisten Dörfer auf dem Lande drastisch geändert. Vor allem aber wird seither nicht mehr durch den Einsatz von Flegeln gedroschen. Früher gehörte das Treiben der Knechte in der Erntezeit zum Eindruck des munteren Landlebens. Unkundige hatten dazumal besonders von weitem den Eindruck, hier würde wahllos und brutal auf Sträßchen und Gassen eingeprügelt.

Geigerzähler: Bis zum achtzehnten Jahrhundert, als Klaviere und Konzertflügel durch interne Heizungsanlagen noch moderat erwärmt wurden, um stets wohltemperiert zu sein, war die Anzahl der Geiger eines Orchesters noch nicht festgelegt, ein Minimum von ungefähr 57 aber Standard. Ein eigens für die Sicherstellung dieser Mindestmenge verantwortlicher Spezialist stand bis dahin vor der bunten Ansammlung aller Musiker und zählte mittels eines schmalen Stöckchens die volatile Menge der Violinisten während des symphonischen Vortrags.

Hühnerleiter: Der Hühnerleiter war in der Spätantike die amtliche Führungskraft für freilaufendes Federvieh. Die Aufgabe konzentrierte sich weitestgehend auf das sichere Geleit durch all die bunten Pferdewagen zur anderen Straßenseite. Mit der Einführung der Massentierhaltung in Unna ist dieser Beruf sukzessive obsolet geworden. Die Betroffenen wurden zu Schülerlotsen umgeschult.

Pfannenwender: siehe Gabelstapler; über die dort beschriebenen Gründe für das Ende auch dieses Berufes hinaus hatte sich bereits 1789 in Frankreich herausgestellt, dass es für den Garvorgang nicht förderlich ist, die Pfanne interprozessual zu wenden.

Sattelschlepper: Das Reisen war bis zur Erfindung des Pferdes eine mühevolle Angelegenheit, da es weitestgehend *per pedes* vonstatten ging. Ein Sattel (althochdeutsch *satul*)

---

15 Siehe auch ›Marter‹ und ›Tortur‹.

16 Für die historisch weniger bewanderten Leser:innen sei angemerkt, dass damit nicht ein bestimmtes Wesensmerkmal des menschlichen Körpers gemeint ist.

wurde vor der equestriellen Revolution von Saisonkräften getragen, um dem mobilen Hochadel bei der Rast Sitzmöglichkeiten anzubieten. Später übernahm das ungleich stärkere Pferd diese Aufgabe. Noch etwas später fiel auf, dass man mit ein wenig Geschick auch während der Fortbewegung der neuen Nutztiere auf dem Sattel verbleiben kann. So wurde die Reitkunst zeitgleich mit der Abschaffung des Sattelschleppers erfunden.

Schweinepriester: Bis zu der Entdeckung, dass Paarhufer der Gattung ›Sus‹ gar nicht religiös sind, wurden in Sachsen und Baden Württemberg die Gemeindeältesten (althochdeutsch *priestar*) als Vorsteher von Schweineherden eingesetzt, um die spirituelle Grundversorgung der Tiere sicherzustellen. Ein Kausalzusammenhang mit der Entstehung der regionalen Dialekte – nicht die der Schweine! – gilt als sicher.

Spaghettiträger: siehe Gabelstapler; über die dort beschriebenen Gründe für das Ende auch dieses Berufes hinaus war der Spaghettiträger bereits kurz nach seiner Einführung von mittelalterlichen Controllern (lateinisch *inspectores*) in Zweifel gezogen worden: Die überaus dünnen und zerbrechlichen Teigwaren einzeln vom Nudel-Trockner zu einem Topf mit kochendem Trinkwasser (lateinisch *aqua dulcis*) zu tragen, um sie dem Garprozess zuzuführen, hatte sich schnell als überaus ineffizient für ein abgerundetes orales Pastaerlebnis herausgestellt.

Strauchdieb: Im frühen Mittelalter hatte ein Strauch einen hohen Wert, der nur mit dem eines kostbar illustrierten Buches vergleichbar war. Der britische Dokumentarfilm ›Monty Python and the Holy Grail‹ von 1975 zeigt instruktiv, welch dramatische Wirkung das bloße Einfordern von Strauchwerk auf das Individuum haben konnte. Der Raub eines Gebüsch gleich welcher Qualität wurde mit selbst für mittelalterliche Verhältnisse unvorstellbaren Folterstrafen belegt.

Wegelagerer: Ausgrabungen des historischen Instituts für Mobilitäts-Netzwerke, Straßenbau und Transportwesen belegen, dass bereits im vierten Jahrhundert byzantinische Logistikzentren zur systematischen Lagerung von Wegen eingerichtet worden waren. Die lange Tradition dieses komplexen Berufs endete in einer Perversion der Grundidee durch die Nationalsozialisten (siehe auch ›Autobahn‹).

Verbrecher: Die Aufgabe, liegengebliebene Wörter (lateinisch *verba*), die aus Buchenstäbchen (lateinisch *Buchstaben*) zur Befragung der Zukunft gelegt worden waren, mit einem Instrument aus dem prähistorischen Rechenzentrum zusammenzuharken (deutsch *verbrechen*), sobald das Orakel interpretiert war, gehörte zu den ungeliebten Helfertätigkeit indogermanischer Stämme des achten vorchristlichen Jahrhunderts.

Zungenbrecher: siehe ›Fußabtreter‹.

Dieses Lexikon wird womöglich fortgesetzt. Man weiß es nicht: Man weiß ja so wenig!

Gemalter Unfug

Liebe Lesende: Ihr fragt Euch, »warum zeichnet er denn nun auch noch?« Ich verstehe diese Frage! Aber versteht bitte, dass ich darauf keine Antwort geben möchte! Warum? Ein Teil dieser Antworten würde Euch verunsichern. Die Ergebnisse meiner Bemühungen sind allerdings prä-legendär; und das hat es schließlich auch noch nicht gegeben.

Der Schal de Gaulle

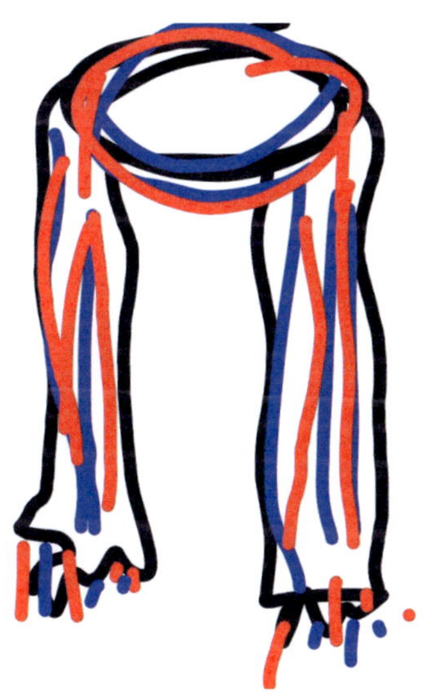

Nachrichten aus dem Tierreich

In den Nachrichten höre ich oft Informationen über den Dachs. Bis heute habe ich nicht verstanden, warum nachrichtenrelevant ist, was dem graufelligen Säuger widerfährt. Ich habe versucht, mich der Sache künstlerisch zu nähern. Es ist mir nicht gelungen, Licht ins Dunkel zu bringen.

Der Dachs macht einen Satz nach oben

Wer will das wissen?

Der Dachs übersteigt die zwölftausender Marke

Wozu brauchen wir diese Information?

Der Dachs stürzt ab

Berührend? Ja! Nachrichtenrelevant? Nein!

Der Dachs steht vor zehntausend Punkten

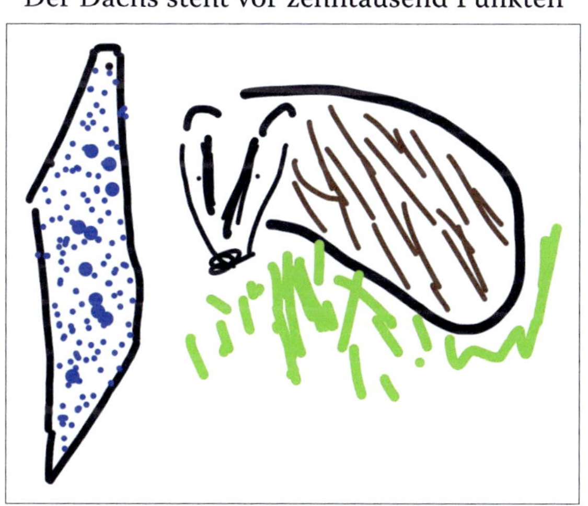

Na und? Warum tut er das? Hat er nichts besseres zu tun?

Und nun?

Nun ist das Buch sehr plötzlich zu Ende. Da sitze ich also und frage mich, ob ein Buch mit teilweise albernen Inhalten in dieser Zeit, die vielen – mich selbst eingeschlossen – Sorgen oder Angst macht, passend ist. Meine Antwort: ja! Ich glaube, dass Lyrik und Humor für die Daseinsbewältigung wesentlich sind: Sie stiften Sinn – auch, wenn das nicht immer auf der Hand liegt; und aus diesem Grunde hat sich dieses Buch getraut, düstere Dinge mit Unfug zu vereinen und trotz allem, oder gerade wegen aller Unbilden, den Versuch zu unternehmen, andere Menschen zu unterhalten: Halt von unten zu geben.

Einige der hier versammelten Gedichte waren bereits auf Instagram zu lesen. Dort habe ich mit der Anagrammisierung meines Namens als Lars Knuthake unter der Widmung »Verdichtungen. Wort- und Fotoambulanz. Bildwerkstatt« ausprobiert, ob meine Texte Interesse finden. Sie fanden. Oft gefiel ein Gedicht sogar nur wenige Sekunden nach der Veröffentlichung. Ich habe mich dann meistens gefragt, wie es sein kann, dass jemand so schnell erfassen kann, was ich doch recht dicht und oft mit viel Zeitaufwand verpackt hatte. Möglicherweise bin ich entweder zu langsam oder zu gründlich; vielleicht auch beides. Wenn ich aber eine Empfehlung bzw. einen Wunsch aussprechen dürfte, wäre es dies:

Denkt doch in dem einen oder anderen Fall vielleicht ein wenig über die Texte nach. Vielleicht steckt mehr dahinter als auf den ersten Blick deutlich wird. Also: flugs noch mal zurückblättern ;-! Bleibt nur noch eines: Vielen Dank für das Interesse, das geneigte Auge und die geschenkte Aufmerksamkeit! Ich wünsche uns, dass die Hoffnungen der Voräußerung sich erfüllen konnten.

Letzter Appell

Kauft Eure Bücher im inhabergeführten Buchhandel Eurer Stadt – so es denn dort noch derartige Buchläden gibt!